女性活躍検定

公式テキスト

女性活躍マスター試験
女性活躍マネージャー認定試験

弁護士 八幡 優里
弁護士 坂東 利国 著

Work Life Balance
Diversity Management

まえがき

　日本における女性活躍、とりわけ経済分野への参画については、現状、追い風が吹いているといえる。

　少子高齢化が進み、労働力不足の解決策として女性の経済分野参画への需要は日増しに高まっていることに加え、近年の働き方改革においては長時間労働の抑制とともに、テレワーク・限定正社員などの柔軟な働き方についても取り組まれており、女性が活躍しやすい環境整備も進んでいるためである。

　しかしながら、国際的にみた日本における女性活躍は、先進国のなかでは極めて低い水準と言わざるを得ない。2019 年に発表された世界ジェンダーギャップ指数では、日本は 121 位となっており、国際的には日本は女性活躍の点で他の先進国と大きく差が開いている状態である。

　こうした日本の現状は、妊娠・出産・育児といったライフイベントを理由として、一度仕事や社会活動から離れざるを得ない女性が数多く存在していることや、様々な原因によって女性の参画が困難になっている分野があること等が原因になっていると推察される。

　また、性別やライフイベントにかかわらない多方面への社会参画や、その参画を継続できるよう国としての整備が進められているにもかかわらず、これらの制度や仕組みが十分活用されていない現状が、政府機関の各調査からはみてとれる。

　以上を背景として、本書においては、日本における女性活躍の現状とともに、女性活躍に関わる法制度や政府の取り組みについて解説している。

　本書において上記解説を記載する趣旨は、知ることによる意識改革である。

　日常に潜む、女性活躍を阻害するジェンダーバイアスは、意識しなければ気づかないものであることが多く、女性自身もそうしたジェンダーバイアスに囚われていることが多いのではないかと感じている。

　現状を知ることで、一部の女性活躍を阻害するジェンダーバイア

スを、初めてそれとして意識することが可能となり、意識改革の第一歩が進むものと考えられる。

　女性活躍の推進にあたっては、現状を知り、ジェンダーバイアスに気が付き、各個人や私企業の意識を少しずつ変革していくことを要する。

　本書で女性活躍の現状や取り組みについて解説を行うことでそうした意識改革が進み、性別にかかわらず、また社会活動に参画しているか否かにかかわらず、自身の望む形の自己実現ができる女性が一人でも増えることを切に願う。

　また、近い将来、あえて「女性活躍」というテーマで論ずる必要がない程度に、性別による差がなくなることを祈っている。

2020 年 4 月
八幡優里

女性活躍マスター試験

■試験概要

1. **受験資格** … 国籍、年齢等に制限はありません。

2. **受験会場**

   主な受験地　東京　名古屋　大阪　福岡

   ※実施回により変更の可能性があります。

3. **試験日程** … 年 3 回（年度により実施回数は異なります。）

4. **試験時間** … 90分

5. **試験形態** … マークシート方式

6. **出題内容および合格基準**

   出題内容は次ページ表をご参照ください。

   合格基準：全体の 70% 以上の正答

7. **受 験 料** … 8,000円（税抜）

   〔団体割引について〕

   試験を10名以上同時申込みされますと、団体割引が適用されます。

   10〜19名 … 8%割引　　20〜99名 … 10%割引　　100名以上 … 15%割引

   ※ 31名以上同時申込みをご希望の場合は下記までお電話ください。

8. **申込方法**

   インターネットでお申込みの場合 … 下記アドレスよりお申し込みください。

   http：//www.joho‐gakushu.or.jp/web‐entry/siken/

   郵送でお申込の場合 … 下記までお問合せ下さい。

   ※「女性活躍マネージャー認定試験」は、2021年度より実施予定です。

お問合せ先

一般財団法人　全日本情報学習振興協会

東京都千代田区平河町2‐5‐5 全国旅館会館 1階

TEL：03-5276-0030　FAX：03-5276-0551

http：//www.joho‐gakushu.or.jp/

女性活躍マスター試験

■出題内容

		内容
課題1　女性活躍社会の推進	1	ダイバーシティマネジメントの推進
	2	ジェンダーフリーの推進
	3	2030目標の設定
	4	男女活躍を推し進める組織の強化
	5	行政機関による男女共同参画の政策の企画立案
	6	地方公共団体や民間団体等における男女共同参画の取組の強化
課題2　男性中心型、日本的雇用慣行の変革	1	就職活動の環境整備
	2	長時間労働の削減等
	3	家事、育児、介護等に男性が参画できる環境整備
	4	男女共同参画に関する男性の理解の促進
	5	ポジティブ・アクションの推進による男女間格差の是正
	6	女性の活躍を阻害する社会制度、慣行の見直し
	7	女性の昇進意欲の向上を目指す取り組み
課題3　男女共同参画とワーク・ライフ・バランスの実現	1	女性の就業率
	2	女性の就職活動
	3	総合職、一般職の選択
	4	M字カーブ問題の解消等に向けたワーク・ライフ・バランス等の実現
	5	雇用の分野における男女の均等な機会と待遇の確保
	6	非正規雇用労働者の処遇改善、正社員への転換の支援
	7	再就職、起業、自営業等の支援
	8	結婚と就業の継続

		1	政治分野における女性の参画拡大
課題4	政治・経済などへの女性の参画	2	司法分野における女性の参画拡大
		3	行政分野における女性の参画拡大
		4	経済分野における女性の参画拡大
		5	医療分野における女性の参画拡大
		6	科学技術・学術分野における女性の参画拡大
		7	女性研究者・技術者が働き続けやすい研究環境の整備
		8	女子学生・生徒の理工系人材の育成
		9	スポーツ分野における男女共同参画の推進
課題5	女性への暴力の根絶	1	女性に対する暴力の予防と根絶
		2	配偶者等からの暴力の防止
		3	ストーカー事案への対策の推進
		4	性犯罪、売買春、人身取引への対策の推進
		5	セクシュアルハラスメント防止対策の推進
課題6	教育による意識改革	1	国民的広がりを持った広報・啓発活動
		2	男女共同参画に関する男性の理解
		3	男女共同参画を推進し多様な選択を可能にする教育・学習
		4	学校教育及びメディアの分野への女性の参画拡大

※「女性活躍マネージャー認定試験」は、2021年度より実施予定です。

目次

課題4　政治・経済などへの女性の参画

課題5　女性への暴力の根絶

課題6　教育による意識改革

凡例

索引

課題1　女性活躍社会の推進

1　女性活躍推進が必要とされている背景

　日本では少子高齢化が進んでおり、平成30（2018）年10月1日時点での、総人口に占める65歳以上の割合（高齢化率）は28.1％に上る。内閣府の示す推計値によれば、2065年の高齢化率は38.4％と更に10％以上の上昇が予測されており、将来的に深刻な労働力不足を招くことが懸念されている。

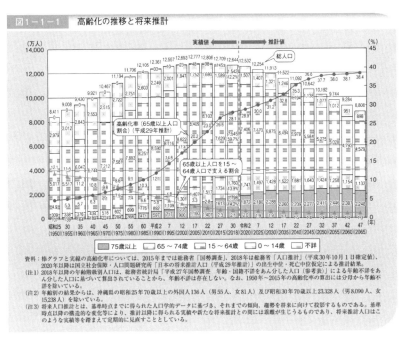

出典：内閣府「高齢社会白書」令和元年版

　現在我が国では、就業を希望しているにもかかわらず多くの女性が出産や育児等を理由として働くことができない状況に置かれている（詳細は後述課題 3 項目 1・2 参照）。

　また、働いている女性の半数以上が非正規雇用の形態で働いており、非正規雇用から正規雇用労働者に転換する割合も男性に比して低い水準に留まり（詳細は後述課題 3 項目 6 参照）、本来持っている力を十分に発揮できていないこと

が推察される。

　加えて、我が国の女性の就業率や企業における管理職に占める割合等は諸外国と比較して依然として低い水準に留まっている。

　上記のような背景により、女性活躍の潜在的可能性や労働力不足への解決策としての期待の高まりを受け、近年、女性活躍推進が強く必要とされている。

2　ダイバーシティマネジメントの推進

【女性が輝く社会】

　近年、政府主導で以下のとおり女性活躍推進が積極的に進められており、「女性が輝く社会」をつくることは我が国における最重要課題の1つとして位置づけられている。

　「日本再興戦略」（平成25年6月閣議決定）では、「女性の活躍促進や仕事と子育て等の両立支援に取り組む企業に対するインセンティブの付与等」、「女性のライフステージに応じた支援」及び「男女が共に仕事と子育て・生活等を両立できる環境の整備」の3つの柱により、女性の出産・子育て等による離職の減少や、指導的地位に占める女性の割合の増加に向けた施策が盛り込まれている。これに基づき、待機児童解消のための保育所等の整備や保育士確保、育児休業給付の拡充等が進められた。

　さらに、翌年の「『日本再興戦略』改訂2014」（平成26年6月閣議決定）では、我が国最大の潜在力である「女性の力」は、人材の確保にとどまらず、企業活動、行政、地域等の現場に多様な価値観や創意工夫をもたらし、家族や地域の価値を大切にしつつ社会全体に活力を与えるものと位置づけ、女性の更なる活躍推進に向けた施策が、「育児・家事支援環境の拡充」、「企業等における女性の登用を促進するための環境整備」及び「働き方に中立的な税・社会保障等への見直し」の大きく3つの柱で示された。

　加えて、女性が輝く社会の実現に向けた全国的なムーブメントを創出するため、平成26年3月、首相官邸で「輝く女性応援会議」を開催するとともに、同年6月に活躍する女性とその応援者のリレー投稿による「輝く女性応援会議オフィシャルブログ」を開設、同年7月からは全国6か所で地域版「輝く女性応援会議」が開催されている（内閣府「男女共同参画局白書」平成27年版。）

　上記のとおり近年政府は、「女性が輝く社会」をつくることを最重要課題の1つとして位置づけたうえ、他にも女性活躍推進法の制定（2016年4月から施行）などの取組を進めてきている。

【ダイバーシティ経営とは】
　経済産業省の定義する「ダイバーシティ経営」とは、「多様な人材を活かし、その能力が最大限発揮できる機会を提供することで、イノベーションを生み出し、価値創造につなげている経営」のことを指し、人材活用戦略の一つである。
　女性をはじめとする多様な人材の活躍は、少子高齢化の中で人材を確保し、多様化する市場ニーズやリスクへの対応力を高める「ダイバーシティ経営」を推進する上で、日本経済の持続的成長にとって、不可欠とされている。
　米国では、「女性人材の確保・活用」と「人種平等」という思想から端を発して、企業の自主的な動きを中心として拡大し、1990年代からは、ダイバーシティがもたらす生産性や収益性への効果が認識されるようになった。欧州では、「女性の社会進出」と「雇用・労働形態やライフスタイルの多様性の容認」を図る視点から、雇用機会の創出・確保を目的とした労働政策の一環としてダイバーシティ経営が促進され、2000年代からは、経営戦略としてダイバーシティを促進する動きが強まった。
　我が国でも、ダイバーシティ経営への取り組みが推進されており、経済産業省の「競争戦略としてのダイバーシティ経営（ダイバーシティ2.0）の在り方に関する検討会」が、2017年3月に「ダイバーシティ2.0検討会報告書～競争戦略としてのダイバーシティの実践に向けて～」を公表している。
　同報告書は、「経営改革」には「人材戦略の変革」が必須となるという認識のもと、「人材戦略の変革の柱」としてダイバーシティを位置付けている。
また、同報告書は、「働き方改革」が、働き手の労働条件の改善に繋がる取組であるだけでなく、従来型の「日本型雇用システム」にメスを入れ、人材戦略を変革する「経営改革」という側面があり、ダイバーシティと根幹を同じくするとしている。
　経済産業省の「働き方改革に関する企業の実態調査（2017年）によれば、ダイバーシティで活用が重要だと思う人材では、「女性」（50.0%）が最も高く、次いで「高齢者」（41.3）、「社外の人材」（29.1%）、「外国人」（23.3%）、「子育

て中社員」（22.8%）となっており、ダイバーシティ経営にあたり特に女性活躍に対する期待が高いことが推察できる。

　また、ダイバーシティ経営で解決できると思う課題では、「優秀な人材獲得」（25.7%）が最も高く、次いで「人材の確保」（22.8%）、「人材の能力開発」（19.4%）「変化に対応する対応力の向上」（15.5%）となっており、企業は人材の獲得・確保に意欲的である。

【ダイバーシティ2.0行動ガイドライン】

　企業価値を実現するダイバーシティ2.0とは、多様な属性の違いを活かし、個々の人材の能力を最大限引き出すことにより、付加価値を生み出し続ける企業を目指して、全体的かつ継続的に進めていく経営上の取組である。

　ダイバーシティ2.0のポイントは、

　①中長期的・継続的な実施と、経営陣によるコミットメント

　②組織経営上の様々な取組と連動した「全社的」な実行と「体制」の整備

　③企業の経営改革を促す外部ステークホルダーとの関わり（対話・開示等）

　④女性活躍の推進とともに、国籍・年齢・キャリア等の様々な多様性の確保

　上記4つとなっている。

【経済産業省の取組み】

　経済産業省では、「ダイバーシティ経営によって企業価値向上を果たした企業」を表彰する「ダイバーシティ経営企業100選」事業を行っている。

　また、2017年度からは、2017年3月に取りまとめた「ダイバーシティ2.0行動ガイドライン」をもとに、「ダイバーシティ2.0」に取り組む企業を「100選プライム」として、新たに選定している。

　そのほか、東京証券取引所と共同し、女性活躍推進に優れた上場企業「なでしこ銘柄」を選定し紹介を行っている。

　女性の就職先選択にあたり、「100選プライム」や「なでしこ銘柄」に選定されている企業であることは指標の一つになると考えられ、これらの経済産業省の取組みは、企業のダイバーシティ経営を積極的に推進するとともに、女性の社会進出をも促進しているといえる。

【金融庁の取組み】

　金融庁では、平成 30 年 6 月に改訂したコーポレートガバナンス・コードにおいて、取締役会における「ジェンダーや国際性を含む多様性の確保」を重要な要素の一つとして明記した。

　ジェンダーとは、「社会的・文化的に形成された性別」のことを指し（後述課題 1 項目 2 参照）、金融庁は、取締役会において女性役員や外国人等を含む多様な人材が起用されていることをコーポレートガバナンス・コードにより重要な要素と位置付けることによって、企業に上記人材の積極的な起用を促している。

　さらに、同コードの付属文書である「投資家と企業の対話ガイドライン」において、機関投資家と企業の間で重点的に議論することが期待される項目に、「取締役に女性が起用されているか」という点を記載し、ダイバーシティ経営の推進に取り組んでいる。

【女性活躍に関する情報の見える化・活躍促進】

　働き方改革実行計画は、「女性活躍に関する情報の見える化・活躍促進」のため、次の具体的な施策を掲げる。

・労働時間や男性の育児休業の取得状況、女性の管理職比率など、女性が活躍するために必要な個別の企業の情報が確実に公表されるよう、2018 年度までに女性活躍推進法の情報公表制度の強化策などについての必要な制度改正を検討する。

・女性や若者が働きやすい企業の職場情報について、ワンストップで閲覧できるサイトを構築するとともに、ESG 投資※を行う投資家、企業、就職希望者による活用を促す。

　※「ESG 投資」は、ESG 要素、すなわち、環境（Environment）、社会（Social）、ガバナンス（Governance）を考慮する投資である。「S」の例として、女性従業員の活躍や従業員の健康 などがあげられる。

3　ジェンダーフリーの推進

【ジェンダー】

　ジェンダーとは、「社会的・文化的に形成された性別」のことを指す。人間には生まれついての生物学的性別（セックス／sex）がある一方、社会通念や慣習の中には、社会によって作り上げられた「男性像」、「女性像」があり、このような男性、女性の別を「社会的・文化的に形成された性別」（ジェンダー／gender）という。

　「社会的・文化的に形成された性別」＝ジェンダーは、それ自体に良い、悪い、の価値を含むものではなく、国際的にも使用されている言葉である（内閣府男女共同参画局 HP 用語集）。

　近年、我が国の社会的・文化的背景から生じた性別による固定的役割分担の概念が女性活躍の推進を阻害している面もみられるという現状を受け、ジェンダーフリーの推進は女性活躍の推進にも役立つと考えられている。

【ジェンダーの視点】

　「社会的文化的に形成された性別」（ジェンダー）が性差別、性別による固定的役割分担、偏見等につながっている場合もあり、これらが社会的に作られたものであることを意識していこうとする視点を指す。

　このように、「ジェンダーの視点」でとらえられる対象には、性差別（例「総合職は男性のみ採用する」）、性別による固定的役割分担（例「女性は家庭に入り、男性は外で働くのが良い家庭の形だ」）及び偏見（「女性は困難な仕事には向いていない」）等、女性活躍を阻害すると考えられるものがあり、それらについては見直しを要すると考えられている。

　その一方で、対象の中には、女性活躍・男女共同参画社会の実現を阻害しないと考えられるものもあり、内閣府男女共同参画局は、このようなものまで見直しを企図するものではなく、ジェンダーの視点でとらえられる社会的・文化的な現象の全てをなくそうとするものではない。

【性別役割分担意識の変化】

　「夫は外で働き、妻は家庭を守るべきである」という考え方（性別役割分担

16

意識）に反対する者の割合（「反対」＋「どちらかといえば反対」）は、男女とも長期的に増加傾向にある。内閣府「男女共同参画社会に関する世論調査」（平成 28 年）では、男女ともに昭和 54 年時点の回答に比べて反対の割合は約 2.5 倍に増加しており、反対の割合が賛成の割合（「賛成」＋「どちらかといえば賛成」）を上回った。

反対の理由として、「固定的な夫と妻の役割分担の意識を押しつけるべきではないから」を挙げた者の割合が 56.9％と最も高く、以下、「妻が働いて能力を発揮した方が、個人や社会にとって良いと思うから」（43.3％）、「夫も妻も働いた方が、多くの収入が得られると思うから」（42.1％）「男女平等に反すると思うから」（40.0％）となっている。

すなわち、経済的な理由等よりも、ジェンダーの視点から考えたうえで、反対の意思を示した者が最も多数となっている。

上記「夫は外で働き、妻は家庭を守るべきである」という考え方は、ジェンダーによる役割分担意識のうち、社会における女性活躍を阻害する方向に働く考え方といえるが、近年ではジェンダーの視点から反対の割合が高くなっており、ジェンダーフリーが推進されていることがみてとれる。

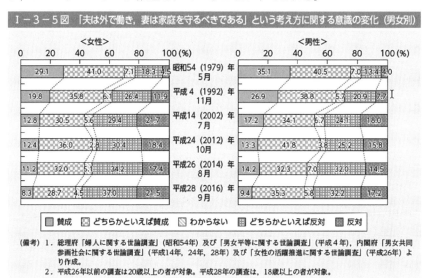

I－3－5図　「夫は外で働き，妻は家庭を守るべきである」という考え方に関する意識の変化（男女別）

（備考）1. 総理府「婦人に関する世論調査」（昭和54年）及び「男女平等に関する世論調査」（平成4年）、内閣府「男女共同参画社会に関する世論調査」（平成14年、24年、28年）及び「女性の活躍推進に関する世論調査」（平成26年）より作成。
　　　　2. 平成26年以前の調査は20歳以上の者が対象。平成28年の調査は、18歳以上の者が対象。

出典：内閣府「男女共同参画白書」令和元年版

　また、内閣府委託調査「多様な選択を可能にする学びに関する調査」における回答を見ると、「夫は外で働き、妻は家を守るべきだ」と思わない（「そう思わない」＋「どちらかというとそう思わない」）と回答した割合は、男女ともに50代が最も高くなっているものの、各年代に大きな差はなかった。

　このことから、全年代を通じてジェンダーの視点から意識改革が進み、ジェンダーフリーが推進されていることがみてとれる。

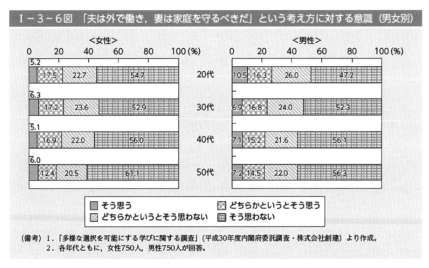

Ｉ－３－６図　「夫は外で働き，妻は家庭を守るべきだ」という考え方に対する意識（男女別）

（備考）1.「多様な選択を可能にする学びに関する調査」（平成30年度内閣府委託調査・株式会社創建）より作成。
　　　　2. 各年代ともに，女性750人，男性750人が回答。

出典：内閣府「男女共同参画白書」令和元年版

4　2030目標の設定

【2030目標とは】

　平成15年に、「社会のあらゆる分野において、2020年までに指導的地位に女性が占める割合を少なくとも30％程度とする目標」が掲げられた（平成15年6月男女共同参画推進本部決定、第3次男女共同参画基本計画（平成22年12月閣議決定）。

　ここにいう「指導的地位」の定義については、①議会議員②法人・団体等における課長相当職以上の者、③専門的・技術的な職業のうち特に専門性が高い職業に従事する者とするのが適当（平成19年男女共同参画会議決定）とされている。

　政府が掲げる「女性が輝く社会」と並び、2030 目標は全ての関係府省が男女共同参画社会の実現のための具体的目標として積極的に取り組んでいる。

【各分野における主な「指導的地位」に女性が占める割合】
　2030 目標を掲げ、取組を進めてきた結果、指導的地位に占める女性の割合は緩やかに上昇しており、その水準は依然として低いものの、国家公務員採用者・国の審議会等委員、薬剤師等、30％を達成する分野も出てきている。
　特に、薬剤師の女性が占める割合は 65.9％となっており、指導的地位とされる職業において唯一女性の割合が男性を上回る状況となっている。

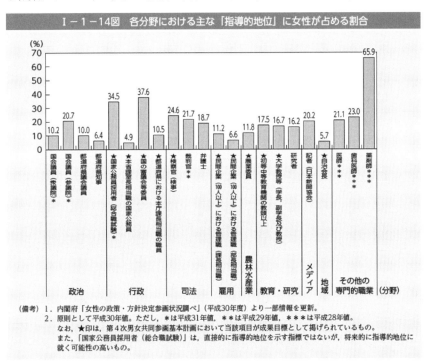

Ｉ－１－14図　各分野における主な「指導的地位」に女性が占める割合

（備考）1．内閣府「女性の政策・方針決定参画状況調べ」（平成30年度）より一部情報を更新。
　　　　2．原則として平成30年値。ただし、＊は平成31年値、＊＊は平成29年値、＊＊＊は平成28年値。
　　　　なお、★印は、第4次男女共同参画基本計画において当該項目が成果目標として掲げられているもの。
　　　　また、「国家公務員採用者（総合職試験）」は、直接的に指導的地位を示す指標ではないが、将来的に指導的地位に就く可能性の高いもの。

　　　　　　　　　　　　　　　　　　　　　　　出典：内閣府「男女共同参画白書」令和元年版

【各指数を国際比較した場合の日本の現状】
　国際的には、平成30（2018）年に国連開発計画（UNDP）が発表した「人間開発指数・指標：2018 年新統計」によると、我が国は、人間開発指数（HDI）

が 189 の国と地域中 19 位、ジェンダー不平等指数（GII）は 160 か国中 22 位となっている。一方、世界経済フォーラムが 2019 年 12 月に発表したジェンダー・ギャップ指数（GGI）は、153 か国中 121 位となっている（次ページ「GGI（2020）上位国及び主な国の順位」参照）。

　以上から見てとれるとおり、GGI の順位は HDI や GII の順位と比べて著しく低くなっている。我が国は、寿命や妊産婦死亡率といった健康（40 位）や教育（91 位）等人間開発の達成度では高い水準にあるが、政治（144 位）や経済（115 位）における意思決定に参加する機会等において諸外国と比べて男女間の格差が大きいことが原因である。

GGI（2020）
上位国及び主な国の順位

順位 （/153）	国名	スコア	前年順位 （/149）	前年比
1	アイスランド	0.877	1	+0.018
2	ノルウェー	0.842	2	+0.007
3	フィンランド	0.832	4	+0.012
4	スウェーデン	0.820	3	-0.002
5	ニカラグア	0.804	5	-0.005
6	ニュージーランド	0.799	7	-0.002
7	アイルランド	0.798	9	+0.002
8	スペイン	0.795	29	+0.049
9	ルワンダ	0.791	6	-0.013
10	ドイツ	0.787	14	+0.011
15	フランス	0.781	12	+0.002
16	フィリピン	0.781	8	-0.018
19	カナダ	0.772	16	+0.001
21	イギリス	0.767	27	-0.007
53	アメリカ合衆国	0.724	51	+0.004
75	タイ	0.708	73	+0.006
76	イタリア	0.707	70	+0.001
81	ロシア	0.706	75	+0.004
106	中国	0.676	103	+0.003
108	韓国	0.672	115	+0.014
112	インド	0.668	108	+0.003
121	日本	0.652	110	-0.010
153	イエメン	0.494	149	-0.006

出典：世界経済フォーラム「Global Gender Gap Report 2020」より作成

【HDI　人間開発指数（Human Development Index）とは】

　HDI とは、国連開発計画（UNDP）による指数で、「長寿で健康な生活」、「知識」及び「人間らしい生活水準」という人間開発の 3 つの側面を測定したものを指す。

　具体的には、出生時の平均寿命、知識（平均就学年数及び予想就学年数）、1 人当たり国民総所得（GNI）を用いて算出している。

【GII　ジェンダー不平等指数（Gender Inequality Index）とは】

　GII とは、国連開発計画（UNDP）による指数で、国家の人間開発の達成が男女の不平等によってどの程度妨げられているかを明らかにするものを指す。次の 3 側面 5 指標から構成されている。

＜保健分野＞

・妊産婦死亡率

・15〜19 歳の女性 1,000 人当たりの出生数

＜エンパワーメント＞

・国会議員女性割合

・中等教育以上の教育を受けた人の割合（男女別）

＜労働市場＞

・労働力率（男女別）

【GGI　ジェンダー・ギャップ指数（Gender Gap Index）とは】

　GGI とは、世界経済フォーラムが、各国内の男女間の格差を数値化しランク付けしたもので、経済分野、教育分野、政治分野及び健康分野のデータから算出され、0 が完全不平等、1 が完全平等を意味しており、性別による格差を明らかにできる。具体的には、次のデータから算出される。

＜経済分野＞

・労働力率

・同じ仕事の賃金の同等性

・所得の推計値

・管理職に占める比率

・専門職に占める比率

＜教育分野＞

・識字率

・初等、中等、高等教育の各在学率

＜健康分野＞

・新生児の男女比率

・健康寿命

＜政治分野＞

・国会議員に占める比率

・閣僚の比率

・最近50年の行政府の長の在任年数

【最新のジェンダー・ギャップ指数について】

　世界経済フォーラム（WEF）は、上記「グローバル・ジェンダー・ギャップ指数」について、令和元（2019）年版を同年12月17日に発表した。1位は昨年に引き続きアイスランドだったが、日本は調査対象となった世界153カ国のうち121位となり、上記のとおり110位だった昨年と比較し、更に順位を落とす結果となり、G7のなかで最も低い水準に留まった。

　昨年に引き続き、政治と経済の分野における低調がスコアに影響したものと考えられ、この分野における女性活躍について更に重点的な取組みが望まれている。

5　男女活躍を推し進める組織の強化

【男女共同参画大臣等】

　平成4年以降、歴代内閣において男女共同参画を担当する大臣が置かれている。平成13年1月以降は、内閣府設置法（平成11年法律第89号）に基づき内閣府特命担当大臣が置かれ、男女共同参画社会の形成の促進に関する事項の企画立案及び総合調整を行っている。また、平成26年9月以降、女性活躍担当大臣が内閣に置かれている。

【男女共同参画会議】

　男女共同参画会議は、内閣府設置法及び男女共同参画社会基本法（平成 11 年法律第 78 号）に基づき、内閣官房長官を議長として内閣府に設置されている。

　第 54 回男女共同参画会議（平成 30 年 5 月 23 日）では、重点方針専門調査会における計 4 回の調査検討を踏まえ、次年度予算等に反映することなどにより重点的に取り組むべき事項について、「男女共同参画・女性活躍の推進に向けた重点取組事項」が決定された。

　重点取組事項としては、大きく、女性の活躍を支える安全・安心な暮らしの実現、あらゆる分野における女性の活躍、女性活躍のための基盤整備が挙げられている。

【すべての女性が輝く社会づくり本部】

　すべての女性が輝く社会づくり本部は、平成 26 年 10 月、様々な状況に置かれた女性が、自らの希望を実現して輝くことにより、日本の最大の潜在力である「女性の力」が十分に発揮され、社会の活性化につながるよう、内閣総理大臣を本部長とし、全閣僚を構成員として、閣議決定により内閣に設置された。

　平成 30 年 6 月、女性活躍の動きを更に加速するため、今後政府が重点的に取り組むべき事項として「重点方針 2018」を決定するとともに、メディアと行政の間で起きたセクシュアルハラスメント事案を踏まえ、「セクシュアル・ハラスメント対策の強化について〜メディア・行政間での事案発生を受けての緊急対策〜」を決定した。

　同決定は、各府省・内閣人事局・（人事院）・厚生労働省等に対し、セクシュアル・ハラスメントの防止に係る法令等の周知徹底や、行政における取材対応の改善等を内容としており、行政内部における意識改革を推進する内容となっている。

【ジェンダー統計の充実等】

　「公的統計の整備に関する基本的な計画」（平成 30 年 3 月閣議決定）においては、第 4 次基本計画等でジェンダー統計の充実の観点から性別データの把握等に努めることが求められていることを踏まえ、可能な限り性別ごとのデータを把握し、年齢別・都道府県別にも把握・分析に資する統計の作成・提供を推

進するとされている。

　総務省統計研究研修所においては、ジェンダー統計に関する講義を行い、国内外の統計担当者の育成を図った。

　厚生労働省では、「働く女性の実情」を取りまとめ、毎年公表するほか、「女性就業支援バックアップナビ」において、働く女性に関する統計の情報提供を行っている。

　内閣府では、「地方公共団体における男女共同参画社会の形成又は女性に関する施策の推進状況（平成30年度）」の中で、地方公共団体で行われている調査や統計における男女別等統計の状況について調査し、公表した。

　このようにジェンダーに関する統計を充実させることで、正しい現状認識を啓蒙し、今後の課題を明らかにするとともに、全国民的にジェンダーの視点を取り入れた意識改革を推進しているといえる。

【男女共同参画センター等】

　男女共同参画センター・女性センター（以下「男女共同参画センター等」という。）は、男女共同参画に関する研修、情報提供、女性グループ・団体の自主的活動の場の提供、相談、調査研究等、多様な機能を有しており、NPO、NGO、住民等の活動を支援する男女共同参画の推進の重要な拠点としての役割を期待されている。

　すなわち、男女共同参画センターは、行政主導の男女共同参画のみならず、民間も含めた外部の団体を広く推進することによって男女共同参画の実現を推進している。

　内閣府では、上記男女共同参画センターの取組みと関連し、男女共同参画センター等の管理者等に対し国の施策について周知するとともに、内閣府においても各地域の実情や課題について情報収集を行うことを目的として、「男女共同参画センター等の管理者等との情報交換会」（平成31年2月）を実施した。

6　行政機関による男女共同参画の政策の企画立案

【女性活躍加速のための重点方針】

　すべての女性が輝く社会づくり本部は、平成30年6月に「女性活躍加速のための重点方針2018」（以下「重点方針2018」という。）、令和元年6月18日に重点方針2019を決定した。

　女性活躍加速のための重点方針は、第4次男女共同参画基本計画」（平成27年12月25日閣議決定)に定めた具体策や成果目標の実現に向け、今後重点的に取り組むべき事項について取りまとめたものである。

　重点方針2018、2019はともに、女性の活躍を支える安全・安心な暮らしの実現・あらゆる分野における女性の活躍・女性活躍の基盤整備等を基軸に、行政機関の取組みを示している。

7　地方公共団体や民間団体等における男女共同参画の取組の強化

　内閣府は、地方公共団体に対して、情報提供、研修機会の提供を行うとともに、広報・啓発等について一層の連携強化を図っている。

　また、男女共同参画の視点を取り入れた多様な主体の連携・協働による地域の実践的・主体的な活動に対して、地域女性活躍推進交付金による支援、先進事例の収集、人材育成プログラムの開発、モデル事業の実施等の施策を展開するとともに、市町村が策定する男女共同参画計画を支援するためアドバイザーを派遣するなどの総合的な支援を図っている。

　さらに、男女共同参画センター・女性センター等を運営する指定管理者等に対し、地方公共団体における男女共同参画施策を踏まえた事業実施能力を高めるため、研修を行う。

　国立女性教育会館においては、我が国唯一の女性教育のナショナルセンターとして、国内外の人材の育成を図るため研修等を行うとともに、男女共同参画に関する調査研究の成果や会館に集積された専門的な情報の提供等を通じて、地域等における男女共同参画の推進を支援している。

課題2　男性中心型、日本的雇用慣行の変革

1　就職活動の環境整備

【就職活動支援】

　経済分野への参画の入り口である、就職活動を支援することは女性活躍の観点から重要といえる。

　厚生労働省においては、女性活躍推進法に基づき、ホームページ上で女性の活躍推進企業データベースを公開し、女性が就職活動を行う際の指標となる項目を企業ごとに掲載している。

　　(https://positive-ryouritsu.mhlw.go.jp/positivedb/)

　掲載項目は、採用者に占める女性の割合、採用における男女別の競争倍率又は競争倍率の男女比、労働者に占める女性労働者の割合、平均勤続年数又は採用10年前後の継続雇用率、育児休業取得率、月平均残業時間、年次有給休暇取得率、女性管理職の割合、係長級にある者に占める女性労働者の割合、役員に占める女性の割合、男女別の職種又は雇用形態の転換実績、男女別の再雇用又は中途採用の実績、企業認定の有無等である。

　求職中の女性は、事前に上記データベースで企業が自ら公表している女性活躍の状況を確認することができ、女性の就職活動支援の一環となっている。

【性別による差別の禁止】

　「男女雇用機会均等法」(雇用の分野における男女の均等な機会及び待遇の確保等に関する法律)は、性別を理由とする差別を禁止しており、事業主は、労働者の募集および採用について、その性別にかかわりなく均等な機会を与えなければならない(男女雇用機会均等法5条)と規定する。

　性別を理由とする差別としては、具体的に以下のものが挙げられる。

①募集・採用の対象から男女のいずれかを排除すること。

②募集・採用の条件を男女で異なるものとすること。

③採用選考において、能力・資質の有無等を判断する方法や基準について男女で異なる取扱いをすること。

④募集・採用に当たって男女のいずれかを優先すること。

　⑤求人の内容の説明等情報の提供について、男女で異なる取扱いをすること。

　また、業務上の必要性など、合理的な理由がない場合に、募集・採用におい
て労働者の身長・体重・体力を要件とすること等は、間接差別として禁止して
いる（同法第 7 条）。

　厚生労働省は、パンフレットにより、男女雇用機会均等法が労働者の募集及
び採用に係る性別を理由とする差別を禁止していることを啓蒙している（「企業
において募集・採用に携わるすべての方へ　男女均等な採用選考ルール」平成
28 年 5 月作成）。

2　長時間労働の削減等

【女性活躍の観点から長時間労働の削減が求められる背景】

　1 日のうち、仕事に費やす時間が長くなるほど、家事や育児等の家庭に費やす
時間は短くなるといえる。

　我が国には育児に費やす時間が長いことを理由として、働きたくとも求職で
きていない女性が多くいることを鑑みると、長時間労働が常態化している企業
の存在は女性に社会進出を躊躇させ、女性の経済分野における参画に対する障
害の 1 つとなっていると考えられる。

　また、妻側に家事・育児の負担が偏りがちな現状を鑑みると、男性の長時間
労働を減少させることは夫による家事・育児の積極的な参画を推進することと
もなり、妻の家事・育児の負担が減る点で女性活躍にも資すると考えられる。

　以上より、女性活躍の観点からも、長時間労働の削減が求められているとい
える。

【労働時間の状況】

　週間就業時間 60 時間以上の雇用者の割合は、近年緩やかに減少傾向にあり、
全体平均は平成 30 年において 6.9％となっている。

　男女別にみると、一貫して女性より男性の割合が高く、平成 30 年において女
性は 2.4％であるのに対し、男性は 10.6％と 4 倍以上の水準となっている。

　特に、子育て期にある 30 代及び 40 代男性の割合が、緩やかに減少を続け

た平成 30 年においても双方 13％を超す水準にある等、他と比べて高い水準となっており、長時間労働が男性の家事・育児等への参画の障害となっていると考えられる。

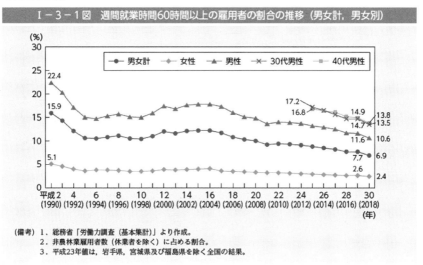

Ｉ－３－１図　週間就業時間60時間以上の雇用者の割合の推移（男女計，男女別）

（備考）1．総務省「労働力調査（基本集計）」より作成。
　　　　2．非農林業雇用者数（休業者を除く）に占める割合。
　　　　3．平成23年値は，岩手県，宮城県及び福島県を除く全国の結果。

出典：内閣府「男女共同参画白書」令和元年版

【労働時間の世界比較】

　我が国は、長時間労働者の割合が欧米各国に比して高い。すなわち、2018 年週労働時間 49 時間以上の労働者の割合は、日本：19.0％に対し、米国：19.2％、英国：11.5％、フランス：10.1％、ドイツ：8.1％である。

　週労働時間が 60 時間以上の労働者の割合の政府目標（2020 年）は 5％以下に設定されているが、現状は 6.9％（2018 年）である。

　なお、就業者 1 人あたりの年平均労働時間をみると、日本が 1,680 時間であるのに対し、アメリカは 1,786 時間とややアメリカが上回る結果となっている。（独立行政法人 労働政策研究・研修機構「データブック国際労働比較 2019」）

（長時間労働の傾向 ― 欧州諸国との比較）

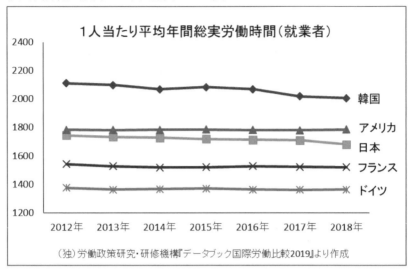

１人当たり平均年間総実労働時間（就業者）

（独）労働政策研究・研修機構『データブック国際労働比較2019』より作成

【１人当たりの平均年間総実労働時間の国際比較】

　上記のとおり、我が国は、長時間労働者の割合が欧米各国に比して高い一方で、１人当たりの平均年間総実労働時間について欧米各国と比較すると、さほど長くはない。

　独立行政法人 労働政策研究・研修機構「データブック国際労働比較 2019」によると、近年の我が国の１人当たりの平均年間総実労働時間は一貫してアメリカより短い水準で推移している。

　調査対象のなかで上記労働時間が最も長いのは韓国であり、2,005 時間と突出して長時間労働の傾向にある。

【働き方改革による長時間労働の是正】

　長時間労働は、健康の確保だけでなく、仕事と家庭生活との両立を困難にし、少子化の原因や、女性のキャリア形成を阻む原因、男性の家庭参加を阻む原因となっている。

　働き方改革実行計画は、長時間労働の是正により、労働参加と労働生産性の向上を図るとともに、働く人の健康を確保しつつワーク・ライフ・バランスを改善し、長時間労働を自慢する社会を変えていくとしている。そして、そのた

めに次の具体的な施策を掲げている。

  ①時間外労働の上限規制

  ②長時間労働の是正に向けた業種ごとの取組等

  ③意欲と能力ある労働者の自己実現の支援

  ④公務員等の長時間労働対策

  ⑤地域の実情に即した取組

  ⑥プレミアムフライデー

 このうち、①と③については、平成 30（2018）年の働き方改革関連法による労働基準法の改正により、法令による対応が実施されている。

【労働基準法の改正による時間外労働の上限規制】

 働き方改革関連法により労働基準法が改正される前の時間外労働の規制は、次のようになっていた。

 ①原則として 1 日 8 時間、1 週 40 時間を超えて労働させることを禁止する（労基法 32 条）。

 ②労働者の過半数で組織する労働組合または労働者の過半数を代表する者との書面による協定（36 協定）を締結し、労基署に届け出た場合には、36 協定の定めにしたがって時間外・休日労働をさせることができる（労基法 36 条 1 項）。

 ③36 協定で定める時間外労働の限度を、厚生労働省の告示「時間外労働の限度に関する基準」（限度基準告示）で定める（時間外労働の上限を原則として月 45 時間、年 360 時間等とする）。

 しかし、改正前の時間外労働の規制では、36 協定で定める時間外労働の限度に対する罰則による強制がない上、臨時的に限度時間を超えて時間外労働を行わなければならない特別の事情が予想される場合に、「特別条項つき労使協定」を締結することで、上限無く時間外労働が可能となっていた。

 そこで、労働基準法の改正により、限度基準告示を法律に格上げし、罰則による強制力を持たせることとした。また、従来、上限無く時間外労働が可能となっていた「特別条項つき協定」について、上限を設定することとした。

(改正前の規制のイメージ)

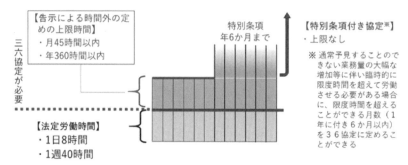

　平成30年に可決・公布された働き方改革関連法により労働基準法が改正され、2019年4月1日に施行された（中小企業については、2020年4月1日施行）。この改正は、次の規制を新設した（改正労働基準法36条2〜6項）。

- ・36協定で定めることができる時間外労働の限度時間を、月45時間以内、年360時間以内とする。
- ・臨時的な特別な事情がある場合に特別条項付き協定で定めることができる時間外・休日労働の時間の上限規制を設け、時間外・休日労働の時間の定めを月100時間未満、時間外労働の時間の定めを年720時間以内とする。
- ・36協定や特別条項付き協定により行わせた時間外・休日労働の上限規制も設け、協定により行わせた時間外・休日労働の時間を、単月で100時間未満、複数月（2か月、4か月、5か月、6か月）の平均で80時間以内とする。

（改正後の規制のイメージ）

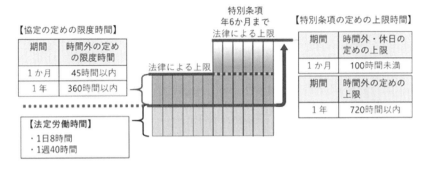

【過労死ライン】

　「過労死ライン」とは、長時間労働によって健康障害が発生するリスクが高まる目安となる時間である。

　労働時間が長くなるほど、健康障害リスクは高まるとされている。例えば、厚生労働省「脳血管疾患及び虚血性心疾患等（負傷に起因するものを除く。）の認定基準について」（厚労省 H.13.12.12 基発 1063 号・改正 H.22.5.7 基発 0507 第 3 号）では、長期間の過重業務による脳・心臓疾患の労災認定基準として、労働時間に着目すると、発症前 1 か月間に約 100 時間、または発症前 2〜6 か月間に 1 か月あたり約 80 時間を超える時間外労働が認められる場合に、業務と脳・心臓疾患の発症との関連性が高まるとしている。

　これより、「過労死ライン」は、時間外労働が 1 か月 100 時間、2〜6 ヶ月間で平均 80 時間といわれている。

　2017 年時点で、東証一部上場 225 社のうち 125 社が月 80 時間以上の法定外労働時間を上限とする協定を締結していたとの調査結果（朝日新聞）もあったが、働き方改革関連法による労基法の改正により、過労死ラインを取り入れた長時間労働の法規制が実現した。

［参考知識：過労死］

　2014年に制定された過労死等防止対策推進法では、「過労死等」が「業務における過重な負荷による脳血管疾患若しくは心臓疾患を原因とする死亡若しくは業務における強い心理的負荷による精神障害を原因とする自殺による死亡又はこれらの脳血管疾患若しくは心臓疾患若しくは精神障害」と定義されている（同法2条）。

【過労死対策】

　平成30年7月閣議決定により、過労死等防止対策推進法（平成26年法律第100号）に基づく「過労死等の防止のための対策に関する大綱」について、新たに勤務間インターバルの周知・導入、仕事上のストレス等について、職場に事業場外資源を含めた相談先がある労働者の割合、ストレスチェック結果の集団分析結果を活用した事業場の割合等に関する数値目標や労働行政機関等が取り組む対策等を盛り込むなどの見直しが行われた。

　ほか、厚生労働省では、労働時間等の設定の改善に関する特別措置法及び「労働時間等見直しガイドライン」（労働時間等設定改善指針）に基づき、所定外労働時間の削減及び年次有給休暇の取得促進を始めとした労使の自主的な取組を促進している。

　具体的には、所定外労働時間の削減及び年次有給休暇の取得促進等を推進するため、厚生労働省幹部及び都道府県労働局長が業界及び地域のリーディングカンパニーのトップに働き方改革の実現に向けた取組の実施を働きかけるとともに、こうした企業の先進的な取組事例を広く普及させるために「働き方・休み方改善ポータルサイト」を活用して情報発信をするなどの取組により、企業の自主的な働き方の見直しを促進している。

　さらに、地域のイベント等と合わせた年次有給休暇取得促進の取組を促す「地域の特性を活かした休暇取得促進のための環境整備事業」を実施し、地域における休暇取得促進の機運を醸成している。

［参考資料］

　「勤務間インターバル」は、勤務終了後、一定時間以上の「休息時間」を設けることで、働く方の生活時間や睡眠時間を確保するものである。

　平成30年6月29日に成立した「働き方改革関連法」に基づき「労働時間等設定改善法」が改正され、前日の終業時刻から翌日の始業時刻の間に一定時間の休息を確保することが事業主の努力義務として規定された（2019年4月1日施行）。

3　家事、育児、介護等に男性が参画できる環境整備

【男性の家事・育児の実施状況】

　我が国の平成28（2016）年における6歳未満の子供を持つ夫の家事・育児関連に費やす時間は、他の先進国が3時間前後であるのに対して、約半分の1時間23分となっており、比較すると突出して低水準にとどまっている。

　これに対し、妻の家事・育児関連に費やす時間は突出して高く、特に育児の時間が他の先進国と比較して際立って長くなっており、家事・育児は妻が主に負担している現状がうかがわれる。

　なお、妻と夫が家事・育児関連に費やす合計時間は他の先進国と同程度であるにもかかわらず、育児に費やす時間のみを見た場合、我が国は他の先進国と比較して1時間以上も長くなっており、夫婦間の負担の偏りのみならず、育児に費やす時間が他国と比較して長い点も、我が国の妻側の家事・育児関連時間が突出して長くなったことの要因となっていると思われる。

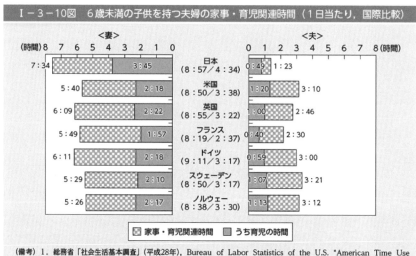

出典：内閣府「男女共同参画白書」令和元年版

【男性が家事・育児参加に関する調査】

　内閣府の調査によると、男性が平日の家事・育児を今まで以上にするために必要なことは、「残業が少なくなること（32.2%）」とした回答が突出しており、長時間労働の削減が男性の家事・育児への参画につながることが明らかになっている。

　次いで「休暇が取りやすくなること（26.9%）」「配偶者とのコミュニケーションの向上（21.8%）」とする回答が多く挙がるほか、「職場の人員配置に余裕ができること（18.6%）」等、職場環境の改善を必要とする回答が比較的多くみられる結果となった。

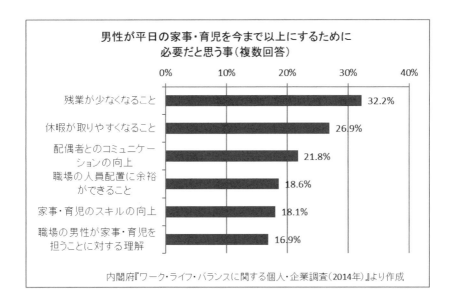

男性が平日の家事・育児を今まで以上にするために必要だと思う事（複数回答）

項目	割合
残業が少なくなること	32.2%
休暇が取りやすくなること	26.9%
配偶者とのコミュニケーションの向上	21.8%
職場の人員配置に余裕ができること	18.6%
家事・育児のスキルの向上	18.1%
職場の男性が家事・育児を担うことに対する理解	16.9%

内閣府『ワーク・ライフ・バランスに関する個人・企業調査（2014年）』より作成

【育児・介護休業法】

　「育児・介護休業法」（「育児休業、介護休業等育児又は家族介護を行う労働者の福祉に関する法律」）は、育児及び家族の介護を行う労働者の職業生活と家庭生活との両立が図られるよう支援することによって、その福祉を増進するとともに、あわせて、我が国の経済及び社会の発展に資すことを目的とする法律である。

　同法には、育児を行う労働者の支援措置や介護を行う労働者の支援措置が規定されている。

　上記のとおり、育児の負担が妻側に偏りがちな現状を鑑みると、育児を理由とする離職を減らし、女性が経済分野において参画を続けるためには、同法等による支援措置が非常に重要であると考えられる。

【育児を行う労働者の支援制度】

　仕事と育児を両立するために、育児・介護休業法により、次の制度・措置が定められている。

　①育児休業制度（5条〜10条）

　②子の看護休暇制度（16条の2〜16条の3）

　③育児のための所定外労働の制限（16 条の 8）

　④育児のための時間外労働の制限（17 条）

　⑤育児のための深夜業の制限（19 条）

　⑥育児休業に関連してあらかじめ定めるべき事項等（21 条）

　⑦所定労働時間の短縮措置（短時間勤務制度。23 条 1 項）

　⑧育児休業制度に準ずる措置または始業時間変更等の措置（23 条 2 項）

　⑨小学校就学前の子を養育する労働者に関する措置（24 条 1 項）

　⑩職場における育児休業等に関するハラスメントの防止措置（25 条）

　⑪労働者の配置に関する配慮（26 条）

　⑫再雇用特別措置等（27 条）

　⑬不利益取扱いの禁止（10 条等）

【育児休業】

「育児休業」とは、労働者が、原則として 1 歳未満の子を養育するためにする休業である。

　1 歳未満の子を養育する男女労働者は、原則として、子が 1 歳になるまでの連続した 1 つの期間を特定して、1 人の子について 1 回、育児休業を申し出ることができる（育児・介護休業法 5 条 1 項、4 項、同施行規則 7 条）。

　有期契約労働者の場合は、後述するとおり別途要件が定められている。

　育児休業の取得は、原則として 1 回に限られているが、以下の特別の事情がある場合には、育児休暇の再度の取得が可能である（育児・介護休業法 5 条 2 項、同法施行規則 5 条）。

・配偶者が死亡、負傷・疾病・身体上精神上の障害により当該子の養育が困難となった場合

・離婚等により配偶者が子と同居しなくなった場合

・新たな産前産後休業、育児休業または介護休業の開始により育児休業が終了した場合で、当該育児休業に係る子が死亡した場合等

・子が負傷、疾病、障害により、2 週間以上の期間にわたり世話を必要とする場合

　なお、上記と同様の条件を満たすことにより、子が 1 歳 6 か月から 2 歳まで育児休業の延長が可能である。

[参考知識：育児休業の対象労働者から除外される者]

次の労働者は、育児休業の対象労働者から除外される。

・日々雇用される者（育児・介護休業法2条1号）

・次の労働者について、労使協定で育児休業の適用対象外と定めた場合（同法6条1項但書、同法施行規則8条）。

　①雇用されて1年に満たない労働者

　②休業申出日から起算して1年以内（1歳6か月まで又は2歳まで延長する育児休業の場合は、育児休業の申出日から起算して6か月以内）に雇用契約が終了することが明らかな労働者

　③1週間の所定労働日数が2日以下の労働者

【パパ休暇】

　「パパ休暇」は、母親である労働者の8週間の産後休業の期間内に、子を養育する者（典型的には父親）である労働者が育児休業を取得した場合は、特別な事情がなくても、再度の育児休業を取得できるというものである（育児・介護休業法9条2項かっこ書）。パパ休暇を利用することで、父親が母親の職場復帰をサポートすることができる。

　要件は、①父親が子の出生後8週間以内に育児休業を取得し、②子の出生後8週間以内に育児休業が終了していることである。

（パパ休暇のイメージ）

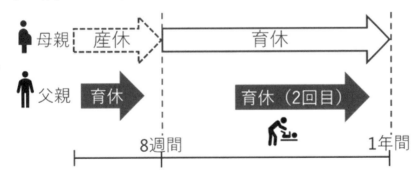

【パパ・ママ育休プラス】

　「パパ・ママ育休プラス」は、父母の労働者がともに育児休業を取得する場合には、育児休業可能期間が、子が1歳2か月に達するまでに延長されるという制度である（育児・介護休業法9条の2）。

　要件は、①配偶者（典型的には母親）が、子が1歳に達するまでに育児休業を取得していること、②本人（典型的には父親）の育児休業開始予定日が子の1歳の誕生日以前であること、③本人の育児休業開始予定日は配偶者がしている育児休業の初日以降であることである。

　パパ・ママ育休プラスでも、1人あたりの育休取得可能最大日数が1年であることは、原則と同じである。

（パパ・ママ育休プラスのイメージ）

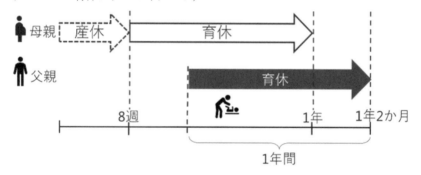

【有期雇用労働者の育児休業取得】

　有期雇用労働者については、次のいずれにも該当すれば、育児休業の申し出をすることができる（育児・介護休業法5条1項但書。2017年1月施行の改正法により、それ以前より要件が緩和されている）。

　①同一の事業主に1年以上継続雇用されていること

　②子が1歳6か月に達する日までの間に労働契約（更新された場合は更新後のもの）が満了することが明らかでないこと

　なお、2歳までの育児休業の延長を申し出る場合には、②は「子が2歳に達する日までの間に契約が満了・不更新により終了することが明らかでないこと」となる。

【育児休業期間の延長】

(1)　育休の延長の申出

　1歳以上1歳6か月に達するまでの子を養育する労働者は、次のいずれにも該当すれば、子が1歳6か月に達するまでの連続した1つの期間を特定して、育児休業の申出をすることができる（育児・介護休業法5条3項、同法施行規則6条）。

　　①自己または配偶者が子の1歳到達日に育児休業をしている

　　②保育所等に入所を希望しているが、入所できないとき、または1歳到達日以後に養育を行う予定だった配偶者が死亡、傷病等の事情により子を養育することが困難になった

(2)　育休の再延長の申出

　平成29（2017）年3月に育児・介護休業法5条が改正され、最長2歳まで育児休業の再延長が可能となった。

すなわち、1歳6か月以上2歳に達するまでの子を養育する労働者は、次のいずれにも該当すれば、子が2歳に達するまでの連続した1つの期間を特定して、育児休業の申出をすることができる（育児・介護休業法5条4項、同法施行規則7条）。

　　①自己または配偶者が子の1歳6か月到達日に育児休業をしている

　　②保育所等に入所を希望しているが、入所できないとき、または1歳6か月到達日以後に養育を行う予定だった配偶者が死亡、傷病等の事情により子を養育することが困難になった

　これにより、例えば、1歳6か月時点では待機児童で保育所に入れられないが、年度初めになれば保育所に入れられる場合に、年度末まで育児休業を再延長するといった対応ができるようになった。

（再延長のイメージ）

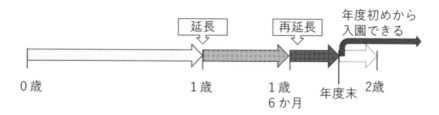

【男性の育児休業取得率】

　男性の育児休業取得率は近年上昇を続けているが、女性と比較すると依然として低水準にとどまっている。

　職業別に見ると、近年は国家公務員の取得率が高く、平成29年の調査においては10.0%に至っている。なお同年の調査では、民間企業の男性の育児休業取得率が地方公務員の取得率を上回り、5.14%に至った（平成30年の調査では6.16%）（次ページ　Ⅰ－3－12図）。

　また、育児休業取得者における取得期間別割合を見ると、女性は1年弱以上が大多数であるのに対して、男性は1か月以下が大多数で、女性と同等の期間を取得する者はまれであり、女性に比して圧倒的に短期間の取得となっている。

　この結果からは、「育児は女性が主として行う」といった性別による固定的役割分担の考え方が存在することが示唆される。

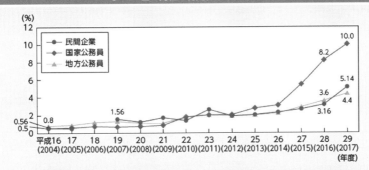

I－3－12図　男性の育児休業取得率の推移

(備考)　1.　国家公務員は，平成17年度までは総務省，平成18年度から23年度までは総務省・人事院「女性国家公務員の採用・登用の拡大状況等のフォローアップの実施結果」，平成24年度は総務省・人事院「女性国家公務員の登用状況及び国家公務員の育児休業の取得状況のフォローアップ」，平成25年度は内閣官房内閣人事局・人事院，平成26年度以降は内閣官房内閣人事局「女性国家公務員の登用状況及び国家公務員の育児休業等の取得状況のフォローアップ」より作成。
　　　　　2.　地方公務員は，総務省「地方公共団体の勤務条件等に関する調査結果」より作成。
　　　　　3.　民間企業は，「雇用均等基本調査」より作成。
　　　　　4.　育児休業取得率の算出方法は，国家公務員・地方公務員は当該年度中に子が出生した者の数に対する当該年度中に新たに育児休業を取得した者（再度の育児休業者を除く）の数の割合。民間企業は，調査時点の前々年度の10月1日～前年度の9月30日に出産した者又は配偶者が出産した者のうち，調査時点（10月1日）までに育児休業を開始した者（開始の予定の申出をしている者を含む。）の割合である。
　　　　　5.　東日本大震災のため，国家公務員の平成22年度値は，調査の実施が困難な官署に在勤する職員（850人）を除く。地方公務員の平成22年度値は，岩手県の1市1町，宮城県の1町を除く。

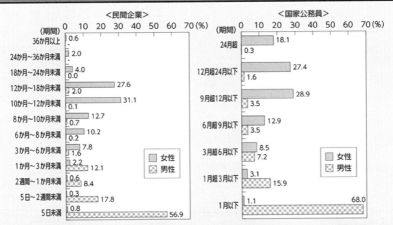

I－3－13図　育児休業取得期間別割合

(備考)　1.　厚生労働省「雇用均等基本調査」（平成27年度）及び内閣官房内閣人事局「女性国家公務員の登用状況及び国家公務員の育児休業等の取得状況のフォローアップ」（平成30年）より作成。
　　　　　2.　民間企業の調査対象は，常用雇用者5人以上を雇用している民営事業所。国家公務員は，一般職（行政執行法人職員を除く）及び防衛省の特別職の数値。
　　　　　3.　民間企業は，平成26年4月1日から平成27年3月31日までの1年間に育児休業を終了し，復職した者に対して，育児休業の取得期間を聞いたもの。国家公務員は，平成29年度に新たに育児休業を取得した職員に休業期間を聞いたもの。
　　　　　4.　構成比は小数点以下第2位を四捨五入しているため，合計しても必ずしも100とはならない。

出典：内閣府「男女共同参画白書」令和元年版

【子の看護休暇】

　「子の看護休暇」は、小学校就学前の子を養育する労働者が、けがや病気をした子の看護や子に予防接種等をうけさせるために取得できる休暇である。

　小学校就学前の子を養育する労働者が申し出ることのできる休暇であり、1年に5日（養育する小学校就学前の子が2人以上の場合は10日）を限度として、負傷し、または疾病にかかった子の看護または子に予防接種・健康診断をうけさせるために取得することができる（育児・介護休業法16条の2第1項）。

　子の看護休暇は、介護休業と異なり、休暇が取得できる負傷や疾病の種類や程度に特段の制限はないので、短期間で治癒する傷病であっても申出ができる。

　［参考知識：子の看護休暇の対象労働者から除外される者］

　　次の労働者は、子の看護休暇の対象労働者から除外される。

　　・日々雇用される者（育児・介護休業法2条1号）

　　・次の労働者について、労使協定で看護休暇の適用対象外と定めた場合（同法16条の3第1項、同第2項、同法施行規則36条）。

　　　①雇用されて6か月に満たない者

　　　②1週間の所定労働日数が2日以下の者

【育児のための所定外労働の制限】

　事業主は、満3歳に達しない子を養育する労働者が請求した場合には、事業の正常な運営を妨げる場合を除き、所定労働時間をこえて労働させてはならない（育児・介護休業法16条の8第1項）。

　育児のための所定外労働の制限は、請求できる回数に制限はなく、制限の期間は1回の請求につき1か月以上1年以内の期間である。

　［参考知識：育児のための所定外労働の制限の対象労働者から除外される者］

　　次の労働者は、育児のための所定外労働の制限の対象労働者から除外される。

　　・日々雇用される者（育児・介護休業法2条1号）

　　・次の労働者について労使協定で適用対象外と定めた場合（育児・介護休業法16条の8第1項、同法施行規則44条）。

　　　①継続雇用期間が1年に満たない労働者

　　　②1週間の所定労働日数が2日以下の労働者

［参考知識：事業の正常な運営を妨げる場合］

「事業の正常な運営を妨げる場合」に該当するか否かは、その従業員の所属する事業所を基準として、その従業員の担当する作業の内容、作業の繁閑、代替要員の配置の難易等諸般の事情を考慮して客観的に判断することとなる。

【育児のための時間外労働の制限】

事業主は、小学校就学前の子を養育する労働者が請求したときは、事業の正常な運営を妨げる場合を除き、1月24時間、1年150時間をこえて労働時間を延長してはならない（育児・介護休業法17条1項）。

育児のための所定外労働の制限は、請求できる回数に制限はなく、制限の期間は1回の請求につき1か月以上1年以内の期間である。

［参考知識：育児のための時間外労働の制限の対象労働者から除外される者］

次の労働者は、育児のための時間外労働の制限の対象労働者から除外される。

・日々雇用される者（育児・介護休業法2条1号）
・継続雇用期間が1年に満たない労働者（同法17条1項）
・1週間の所定労働日数が2日以下の労働者（同項）

【育児のための深夜業の制限】

事業主は、小学校就学前の子を養育する労働者が請求した場合には、事業の正常な運営を妨げる場合を除き、深夜（午後10時から午前5時まで）に労働させてはならない（育児・介護休業法19条1項）。

育児のための深夜業の制限は、請求できる回数に制限はなく、制限の期間は1回の請求につき1か月以上6か月以内の期間である。

［参考知識：育児のための深夜業の制限の対象労働者から除外される者］

次の労働者は、育児のための深夜業の制限の対象労働者から除外される。

・日々雇用される者（育児・介護休業法2条1号）
・継続雇用期間が1年未満の者（同法19条1項）
・当該請求に係る深夜において、常態として子を保育できる同居の家族がいる者（同項）
・1週間の所定労働日数が2日以下の者（同項）
・所定労働時間の全部が深夜にある者（同項）

【育児のための所定労働時間短縮の措置】

　事業主は、育児休業を取得せずに3歳までの子を養育する労働者が希望する場合には、労働者の申出に基づき、1日の所定労働時間を原則として6時間とする短時間勤務制度を設けなければならない（育児・介護休業法23条1項）。

　　[参考知識：育児のための所定労働時間短縮の措置の対象労働者から除外される者]

　　　次の労働者は育児のための所定労働時間短縮の措置の対象労働者から除外される。

　　　・日々雇用される者（育児・介護休業法2条1号）
　　　・1日の所定労働時間が6時間以下の者（同法23条1項）
　　　・次の労働者について労使協定で適用対象外と定めた場合（育児・介護休業法23条1項、同条施行規則72条・73条・74条1項）。
　　　　①継続雇用期間が1年に満たない者
　　　　②1週間の所定労働日数が2日以下の者
　　　　③その他業務の性質または業務の実施体制に照らして短時間勤務の措置を講じることが困難と認められる業務に従事する者

　　　なお、事業主は、上記③に該当する労働者について、上記の所定労働時間の短縮の措置を講じないこととする場合には、フレックスタイム制、1日の所定労働時間を変更しないでの始業・終業時刻の繰上げ・繰下げ、保育施設の設置運営のいずれかの措置を講じなければならない（同法23条2項、同法施行規則74条2項）。

【育児休業等の期間中の労働者の待遇】

　育児休業や子の看護休暇を取得した日や、所定労働時間の短縮措置により短縮した時間分の賃金については、ノーワーク・ノーペイの原則（労務提供がない限り、その対価としての賃金の支払義務も生じないという原則）により無給・減給とすることができる。

　また、退職金や賞与の算定に当たり、現に勤務した日数を考慮する場合に、休業した期間を日割りで算定対象期間から控除しても、不利益な取扱いには該当しないと解されている。

【育児休業等の期間中の経済的支援制度】

　育児休業等の取得については、次の経済的支援制度がある。こうした経済的支援制度は、育児を理由とする離職の減少に大きく寄与していると考えられている。

　①育児休業給付（雇用保険）

　　　育児休業給付金は、子を養育するための育児休業をしたときに、当該期間中の所得保障を行うため、一定の要件を満たす雇用保険の被保険者に対して支給される。

　　　育児休業給付金の額は、1支給単位期間が30日の場合、休業開始時賃金日額に30を乗じて得た額の100分の50（当該休業を開始した日から起算し当該育児休業給付金の支給に係る休業日数が通算して180日に達するまでの間に限り、100分の67）に相当する額である。

　　　また、産前産後休業中や育児休業中に給与が支給されない場合は、雇用保険料の負担はない。

　②社会保険料の免除等

　　　育児休業中の社会保険料は育児・介護休業法の中で、3歳未満までの子を育てるための期間は健康保険・厚生年金保険の保険料は会社の申し出によって労働者、会社ともに徴収されず、免除期間となる。

　　　さらに、3歳に満たない子を養育する労働者が、時短勤務などにより給与が下がった場合は、厚生年金の養育特例を申し出ることで将来の年金額を下げずに済むことができる。

【次世代育成対策推進法】

　「次世代育成支援対策推進法」は、我が国における急速な少子化の進行等を踏まえ、子どもが健やかに生まれ、かつ、育成される環境の整備を図るため、次世代育成支援対策について、基本理念を定めるとともに、国による行動計画策定指針並びに地方公共団体及び事業主による行動計画の策定等の次世代育成支援対策を迅速かつ重点的に推進するために必要な措置を講ずる法律である。

　2015年3月31日までの10年間の時限立法であったが、2014年の改正により2025年3月31日までに有効期限が延長された。

　同法は、一般事業主（国及び地方公共団体以外の事業主）に関して、次のよ

うな規定を置いている。

- ・事業主（常時雇用する労働者数が 100 人を超えるもの）は、従業員の仕事と家庭の両立等に関し、主務大臣が策定する行動計画策定指針に即して、目標、目標達成のために事業主が講じる措置の内容等を記載した行動計画（「一般事業主行動計画」）を策定しなければならない（12 条 1 項 2 項）。
- ・中小事業主（常時雇用する労働者数が 100 人以下のもの）については、一般事業主行動計画の策定は努力義務とする（12 条 4 項）

【くるみんマーク・プラチナくるみんマーク】

　次世代育成支援対策推進法に基づき、一般事業主行動計画を策定した企業のうち、計画に定めた目標を達成し、一定の基準を満たした企業は、申請を行うことによって「子育てサポート企業」として、厚生労働大臣の認定（くるみん認定）を受けることができる。

　当該認定を受けた企業の証が、「くるみんマーク」である。

　2015 年 4 月 1 日より、新たにプラチナくるみん認定が始まり、くるみん認定企業のうち、より高い水準の取組を行った企業が、一定の要件を満たした場合、優良な「子育てサポート企業」として厚生労働大臣の特例認定（プラチナくるみん認定）を受けることができるようになった。

　くるみん認定・プラチナくるみん認定を受けると、認定マークを商品、広告、求人広告などに付け、子育てサポート企業であることをアピールできる。

　求職者にとって、くるみん認定を受けているか否かは就職活動の指標となり得るため、求職者にとっての就職活動整備に資するとともに、企業にとっては人材獲得の方法の一つとして期待が寄せられている。

出典：厚生労働省「くるみんマーク・プラチナくるみんマークについて」及び「次世代法に基づく「一般事業主行動計画」の策定と「くるみん・プラチナくるみん」認定について」

【介護と女性活躍】

　女性活躍と育児に対する支援が密接に関連することについて上記述べてきたが、育児と同様に介護も家の中で行われるものであり、家事や育児等で家の中での負担を担ってきた者が引き続き負担することになりやすい性質を有する。

　また近年、後述のとおりダブルケア問題（子の育児と親の介護が同時期となる問題）が指摘されている現状に鑑みると、介護による離職の増加が懸念されており、経済分野における女性の参画という観点から、仕事と介護の両立を支援する施策は重要である。

【家族の介護・看護のための離職】

　厚生労働省「平成 29 年度雇用均等基本調査」によると、家族の介護・看護のために前職を離職した者は、平成 28 年 10 月〜29 年 9 月までに約 10 万人にのぼる。しかしながら、平成 28 年 4 月 1 日から平成 29 年 3 月 31 日までの間に介護休業を取得した者がいた事業所の割合は 2.0％に留まった。

　多くの労働者が介護休業の取得ではなく、離職を選んでいる深刻な状況が明らかになっている。

表 10　介護休業取得状況別事業所割合
(%)

	事業所計	介護休業者あり	男女とも介護休業者あり	女性のみ介護休業者あり	男性のみ介護休業者あり	介護休業者なし	不明
平成 27 年度	100.0	1.3 (100.0)	0.0 (1.1)	1.0 (74.4)	0.3 (24.5)	98.7	0.0
平成 29 年度	100.0	2.0 (100.0)	0.2 (11.0)	1.2 (60.1)	0.6 (29.0)	98.0	－

【介護を行う労働者の支援措置】

　仕事と介護を両立するために、育児・介護休業法により、次の制度・措置が定められている。

　　①介護休業制度（11 条〜16 条）

　　②介護休暇制度（16 条の 5 〜16 条の 7 ）

　　③介護のための所定外労働の制限（16 条の 9 ）

　　④介護のための時間外労働の制限（18 条）

　　⑤介護のための深夜業の制限（20 条）

　　⑥介護休業に関連してあらかじめ定めるべき事項等（21 条）

　　⑦介護のための所定労働時間の短縮等の措置（23 条 3 項）

　　⑧家族の介護を行う労働者に対する措置（24 条 2 項）

　　⑨職場における介護休業等に関するハラスメントの防止措置（25 条）

　　⑩労働者の配置に関する配慮（26 条）

　　⑪再雇用特別措置等（27 条）

　　⑫不利益取扱いの禁止（16 条等）

【介護休業】

　介護休業とは、労働者が、要介護状態（負傷、疾病または身体上もしくは精神上の障害により、2 週間以上の期間にわたり常時介護を必要とする状態）の対象家族を介護するための休業を指す。

　対象家族の範囲は、配偶者（事実婚を含む）、父母、子、配偶者の父母、祖父母、兄弟姉妹及び孫で、祖父母、兄弟姉妹、孫については、同居・扶養していない者も含むとされている。

　また、介護休業の期間及び回数については、対象家族 1 人につき、通算 93 日まで 3 回を上限として取得可能とされている。

（対象家族の範囲）

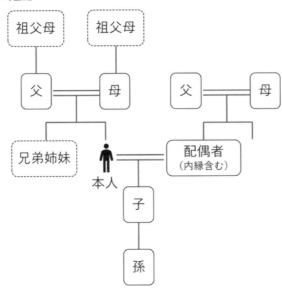

　　［参考知識：介護休業の対象労働者から除外される者］
　　次の労働者は、介護休業の対象労働者から除外される。
　　　・日々雇用される者（育児・介護休業法2条1号）
　　　・次の労働者について、労使協定で介護休業を認めないとして定めた場合
　　　（同法12条2項、同法施行規則8条、平成23年厚生労働省告示58号）。
　　　　①雇用されて1年に満たない者
　　　　②休業申出の日から起算して93日以内に雇用契約が終了することが明
　　　　　らかな者
　　　　③1週間の所定労働日数が2日以下の者

【有期雇用労働者の介護休業取得要件】
　　有期雇用労働者については、次のいずれにも該当すれば、介護休業を申し出
ることができる（育児・介護休業法11条1項但書2017年1月施行の改正法に
より、それ以前より要件が緩和されている）。
　　①同一の事業主に1年以上継続雇用されていること
　　②介護休業開始予定日から起算して93日を経過する日から6か月を経過す

る日までの間に、労働契約が満了（労働契約が終了）することが明らかで
ないこと

【介護休暇】

　労働者は、要介護状態にある対象家族の介護、または対象家族の介護・通院
等の付添・介護サービスの手続の代行その他の必要な世話をするために、事業
主に申出ることによって、1年度において5日（要介護の家族が2人以上の場
合は10日）を限度として、当該世話をするための休暇（介護休暇）を取得でき
る（育児・介護休業法16条の5、同法施行規則40条・41条1項）。
　[参考知識：介護休暇の対象労働者から除外される者]
　次の労働者は、介護休暇の対象労働者から除外される。
　・日々雇用される者（育児・介護休業法2条1号）
　・次の労働者について、労使協定で介護休暇を認めないとして定めた場合
　　（同法16条の6）
　　①雇用されて6か月に満たない者
　　②1週間の所定労働日数が2日以下の者

【介護のための所定外労働の制限】

　事業主は、要介護状態にある対象家族を介護する労働者が請求した場合には、
事業の正常な運営を妨げる場合を除き、1回の請求につき、1か月以上1年以内
の期間、所定労働時間をこえて労働させてはならない（育児・介護休業法16条
の9）。
　介護のための所定外労働の制限は、請求できる回数に制限はなく、制限の期
間は1回の請求につき1か月以上1年以内の期間である。
　介護のための所定外労働の制限は、2017年1月施行の改正育児・介護休業法
により新設された制度である。

　[参考知識：介護のための所定外労働の制限の対象労働者から除外される者]
　次の労働者は、介護のための所定外労働の制限の対象労働者から除外される。
　　・日々雇用される者（育児・介護休業法2条1号）
　　・次の労働者について労使協定で適用対象外と定めた場合（育児・介護

休業法 16 条の 8 第 1 項、同法施行規則 44 条）。

①継続雇用期間が 1 年に満たない労働者

②1 週間の所定労働日数が 2 日以下の労働者

【介護のための時間外労働の制限】

　事業主は、36 協定により労働時間を延長できる場合でも、要介護状態にある対象家族を介護する労働者が請求したときは、事業の正常な運営を妨げる場合を除き、1 月 24 時間、1 年 150 時間をこえて労働時間を延長してはならない（育児・介護休業法 18 条）。

　介護のための時間外労働の制限は、請求できる回数に制限はなく、制限の期間は 1 回の請求につき 1 か月以上 1 年以内の期間である。

　[参考知識：介護のための時間外労働の制限の対象労働者から除外される者]

　次の労働者は、介護のための時間外労働の制限の対象労働者から除外される。

　・日々雇用される者（育児・介護休業法 2 条 1 号）

　・継続雇用期間が 1 年に満たない労働者（同法 18 条）

　・1 週間の所定労働日数が 2 日以下の労働者（同）

【介護のための深夜業の制限】

　事業主は、要介護状態にある対象家族を介護する労働者が請求した場合には、事業の正常な運営を妨げる場合を除き、深夜（午後 10 時から午前 5 時まで）に労働させてはならない（育児・介護休業法 20 条）。

　介護のための深夜業の制限は、請求できる回数に制限はなく、制限の期間は 1 回の請求につき 1 か月以上 6 か月以内の期間である。

　[参考知識：介護のための深夜業の制限の対象労働者から除外される者]

　次の労働者は、介護のための深夜業の制限から除外される。

　・日々雇用される者（育児・介護休業法 2 条 1 号）

　・継続雇用期間が 1 年未満の者（同法 20 条）

　・当該請求に係る深夜において、常態として対象家族を介護できる同居の家族がいる者（同条）

　・1 週間の所定労働日数が 2 日以下の者（同条）

　・所定労働時間の全部が深夜にある者（同条）

【介護のための所定労働時間短縮等の措置】

　事業主は、要介護状態にある対象家族を介護する労働者であって介護休業をしていない者に関して、次のいずれかの所定労働時間短縮等の措置を講じなければならない（育児・介護休業法23条3項、同法施行規則74条）。

　　・1日の所定労働時間を短縮する措置

　　・フレックスタイム制度

　　・始業・終業時刻の繰上げ、繰下げ（時差出勤の制度）

　　・労働者が利用する介護サービスの費用の助成その他これに準ずる制度

　これらの所定労働時間短縮等の措置は、対象家族1人につき、介護休業とは別に、利用開始の日から3年以上の期間で（同法23条3項）、2回以上の利用が可能でなければならない（同法施行規則74条3項）。かつては介護休業と通算して93日の範囲内で利用できることになっていたが、2017年1月施行の改正法により、介護休業とは別に、3年以上の間で2回以上の利用が可能となった。

　　［参考知識：介護のための所定労働時間短縮の措置の対象労働者から除外される者］

　　　次の労働者は介護のための所定労働時間短縮の措置の対象労働者から除外される。

　　　・日々雇用される者（育児・介護休業法2条1号）

　　　・次の労働者について労使協定で適用対象外と定めた場合（同法23条3項）。

　　　　①継続雇用期間が1年に満たない労働者

　　　　②1週間の所定労働日数が2日以下の労働者

【介護休業等の期間中の労働者の待遇】

　介護休業や介護休暇を取得した日や、所定労働時間の短縮措置により短縮した時間分の賃金については、ノーワーク・ノーペイの原則により無給・減給とすることができる。

　また、退職金や賞与の算定に当たり、現に勤務した日数を考慮する場合に、休業した期間を日割りで算定対象期間から控除しても、不利益な取扱いには該当しないと解されている。

【介護休業等の期間中の経済的支援制度】

　介護休業等の取得については、次の経済的支援制度がある。こうした経済的支援制度は、介護を理由とする離職の減少に大きく寄与していると考えられている。

　　・介護休業中に給与が支給されない場合は、雇用保険料の負担はない。

　　・介護休業給付（雇用保険）

　　　※介護休業をした場合に、一定の要件を満たすと、休業開始前賃金の一定割合が「介護休業給付金」として支給される。介護休業給付の給付額は、休業前賃金の 40%相当額とされていたが、当分の間 67%相当に引き上げられている。

【シンボルマーク「トモニン」】

　厚生労働省は、企業が介護離職を未然に防止するため、仕事と介護を両立できる職場環境の整備促進に取り組むことを示すシンボルマークを作成した。

　「トモニン」は当該シンボルマークの愛称であり、WORK（仕事）の W と CARE（介護）の C の文字を組み合わせたデザインとなっている。

　「トモニン」は、企業が「両立支援のひろば」（http://ryouritsu.mhlw.go.jp）に仕事と介護の両立に関する取組を登録し、使用規程に沿うことで活用できる。

　商品、名刺等にトモニンを掲載することで、企業の取組をアピールできる。

出典：厚生労働省『「トモニン」を活用して、仕事と介護の両立支援の取組をアピールしましょう！』

【介護と仕事の両立のための取組み】

　「介護離職ゼロ」に向けて、国は、2020 年代初頭までに 50 万人分以上の介護の受け皿の整備を確実に推進するとしている。

　また、中小企業のための育児・介護支援プラン導入支援事業では、仕事と介護の両立支援のノウハウをもつ社会保険労務士・中小企業診断士などの専門家

による介護支援プラン策定に必要な規定の見直しや、その他法律に関するアドバイスなど事業主の実状に合った個別支援を無料（2回まで）で行っている（厚生労働省のホームページ参照）。

【ダブルケア問題】

晩婚化・晩産化等を背景に、育児期にある者（世帯）が、親の介護も同時に担う、いわゆる「ダブルケア」問題が指摘されている。

ダブルケアを行う者の人口は、約25万人と推計され（女性約17万人、男性約8万人）、ダブルケアを行う者は、30代〜40代が多く、男女ともに全体の約8割がこの年代である。

働き盛りとされる30〜40代の世代がダブルケアを余儀なくされることで、労働力不足の現状に拍車をかけることが懸念されている。

（ダブルケアを行う者の年齢構成）

備考）1．総務省「就業構造基本調査」平成24年より内閣府にて特別集計。
2．「ふだん育児をしている」「ふだん介護をしている」の両方を選択した者を「ダブルケアを行う者」として集計。
3．（　）内の年齢は、平均年齢。

出典：内閣府「育児と介護のダブルケアの実態に関する調査」

【育児・介護休業法による不利益取扱いの禁止】

育児・介護休業法により労働者に対する様々な支援制度が定められていることは上記述べたとおりであるが、これらの支援制度を利用する際、会社がこれを理由として労働者に不利益な取扱いをすると、労働者が制度利用を自主的に控えてしまったり、結果的に離職を余儀なくされる可能性があり、制度の実効性を失ってしまう危険がある。

そこで育児・介護休業法は、次の場合における不利益取扱いを禁止している。

①育児休業の申出をし、又は育児休業をしたこと（同法10条）

②介護休業の申出をし、又は介護休業をしたこと（同法16条）

③小学校就学前の子を養育する労働者が子の看護休暇の申出をし、又は子の看護休暇を取得したこと（同法16条の4）

④介護休暇の申出をし、又は介護休暇を取得したこと（同法16条の7）

⑤3歳未満の子を養育する労働者および要介護状態にある家族を介護する労働者が、所定外労働の制限を請求し、又は所定外労働の制限により所定外労働をしなかったこと（同法16条の10）

⑥小学校就学前の子を養育する労働者および要介護状態にある家族を介護する労働者が、月24時間、年150時間を超える時間外労働の制限を請求し、又は時間外労働の制限により時間外労働をしなかったこと（同法18条の2）

⑦小学校就学前の子を養育する労働者および要介護状態にある家族を介護する労働者が、深夜業の制限を請求し、又は深夜業の制限により深夜において労働しなかったこと（同法20条の2）

⑧3歳未満の子を養育し育児休業をしていない労働者が、育児のための所定労働時間の短縮措置の申出をし、又は所定労働時間の短縮措置が講じられたこと（同法23条の2）

⑨一定の要件を満たす3歳未満の子を養育する労働者が、育児のための始業時刻変更等の措置の申出をし、又は始業時刻変更等の措置が講じられたこと（同法23条の2）

⑩要介護状態にある家族を介護し介護休業をしていない労働者が、介護のための所定労働時間の短縮等の措置の申出をし、又は所定労働時間の短縮等の措置が講じられたこと（同法23条の2）

【その他の育児・介護に関し事業主が講ずべき措置】

　育児・介護休業法は、上記のほか、事業主が講ずべき措置として以下の措置を定めている。

　（1）労働者の配置に関する配慮（育児・介護休業法26条）

　事業主は、労働者を転勤させようとする場合には、その育児または介護の状況に配慮しなければならない。

(2) あらかじめ定め・周知する努力義務（育児・介護休業法 21 条 1 項）

　事業主は、次の事項について、あらかじめ定め、これを周知するための措置を講ずるよう努めなければならない。

　　①育児休業及び介護休業中の待遇に関する事項

　　②育児休業及び介護休業後の賃金、配置その他の労働条件に関する事項

　　③その他の事項（同法施行規則 70 条に定める）

(3) 個別周知の努力義務（育児・介護休業法 21 条 1 項かっこ書）

　事業主は、労働者・その配偶者が妊娠・出産したことを知ったとき、または労働者が対象家族を介護していることを知ったときに、上記事項について個別に知らせる措置を講ずるよう努力しなければならない。

(4) 育児目的休暇を設ける努力義務（育児・介護休業法 24 条）

　事業主は、育児に関する目的のために利用することができる休暇（「育児目的休暇」：配偶者出産休暇、ファミリーフレンドリー休暇、子の行事参加のための休暇等）を与えるための措置等を講ずるよう努めなければならない。

【育児・介護に関する各種助成金】

　厚生労働省は、仕事と育児・介護等の家庭生活が両立できる「職場環境づくり」のために、以下の助成を行っている。

①両立支援等助成金（出生時両立支援コース）

　男性が育児休業を取得しやすい職場風土作りの取組みを行い、男性に一定期間の連続した育児休業を取得させた事業主を助成

②両立支援等助成金（介護離職防止支援コース）

　仕事と介護の両立に関する職場環境整備の取組みを行い「介護支援プラン」を作成し、介護休業の取得・職場復帰または働きながら介護を行うための勤務制限制度の利用を円滑にするための取組みを行った事業主を助成

③両立支援等助成金（育児休業等支援コース）

　「育児復帰支援プラン」を作成し、プランに沿って労働者に育児休業を取得、職場復帰させた中小企業事業主を助成

【子の看護休暇・介護休暇に関する令和元年改正】

　育児・介護休業法施行規則等が令和元年に改正され（施行は令和 3 年 1 月 1 日）、現在は半日単位で取得が可能とされている子の看護休暇・介護休暇について、時間単位で取得できるようになった。

　また現在は、1 日の所定労働時間が 4 時間以下の労働者は介護休暇を取得できないとされているところ、全ての労働者が取得できると改正された。

4　男女共同参画に関する男性の理解の促進

【男女共同参画に関し男性の理解の促進が求められる背景】

　家事・育児・介護等に男性が積極的に参画することが結果的に女性活躍に資することは上記述べてきたとおりであるところ、男性のこれらの分野における参画は、男性の男女共同参画に関する理解があることが不可欠となる。

　また、性別による固定的役割分担意識等は、文化的・社会的背景から無意識に形成されていることが多々あり、知覚するにはジェンダーの視点で改めて見ることを要する。

　男女共同参画に関する男性の理解を促進することは、こうした無意識に形成された性別による固定的役割分担意識等を改めて見直す契機となり、この点で女性活躍に資すると考えられる。

【男女平等を推進する教育・学習】

　文部科学省では、学習指導要領に基づき、児童生徒の発達の段階に応じ、社会科、公民科、家庭科、道徳、特別活動等の教科等、学校教育全体を通じて、人権の尊重や男女の平等、男女が共同して社会に参画することや男女が協力して家庭を築くことの重要性についての指導の充実を図っている。

　独立行政法人国立女性教育会館では、高等教育機関における男女共同参画の推進のため、大学等の教職員を対象とした「大学等における男女共同参画推進セミナー」を実施している。

　また、初等中等教育機関の教職員、教育委員会など教職員養成に関わる機関の職員を対象とした「学校における男女共同参画研修」を実施しさらに、男女共同参画を推進するリーダー等の人材の育成・研修の実施、「男女の初期キャリ

ア形成と活躍推進に関する調査研究」や「男女共同参画統計に関する調査研究」
を行っている。

　［参考資料］
　　独立行政法人国立女性教育会館は、我が国唯一の女性教育のナショナルセ
ンターとして、男女共同参画の推進に向けた人材の育成・研修の実施や女性
教育に関する調査研究の成果及び会館に集積された情報の発信・提供等を
行っている機関である。

【さんきゅうパパプロジェクト】
　内閣府では、「少子化社会対策大綱」（平成 27 年 3 月閣議決定）で掲げた目標
である、5 年後に「男性の配偶者の出産直後の休暇取得率 80%」に向け、男性
の休暇取得を推進している。
　さんきゅうパパプロジェクトは、内閣府の取組む、男性の家事・育児への参
画への意識改革進めるプロジェクトである。
　妊娠・出産・子育てに際して、男性ができることを考えるきっかけになるよ
う「さんきゅうパパ準備 BOOK」を活用した啓蒙活動を推進している。

【"おとう飯"始めようキャンペーン】
　内閣府では、平成 30（2018）年度に引き続き、主に子育て世代の男性が家事・
育児等の中、料理への参画を目的とした「"おとう飯"始めよう」キャンペーンを
実施している。簡単で手間をかけず、多少見た目が悪くても美味しい料理を「お
とう飯」と命名し、イベントの開催や祝日や季節に応じた料理機会の提案、各
都道府県の地元特産品や食材を使った「日本全国のおとう飯」レシピをホーム
ページで公開することにより啓発を行っている。

5　ポジティブ・アクションの推進による男女間格差の是正

【ポジティブ・アクションとは】

　社会的・構造的な差別によって不利益を被っている者に対して、一定の範囲で特別の機会を提供すること等により、実質的な機会均等を実現することを目的として講じる暫定的な措置のことを指す。

　平等促進を目的とする暫定的な特別措置のため、機会及び待遇の平等の目的が達成されたときに廃止される。

　女性活躍のためのポジティブ・アクションの手法としては、クオータ制（性別を基準に一定の人数や比率を割り当てる手法）等が挙げられる。

【シンボルマーク「きらら」】

　「きらら」は、ポジティブ・アクションの普及促進のためのシンボルマークの愛称である。ポジティブ・アクション（Positive action）の頭文字の P と a を組み合わせたデザインとなっている。

　シンボルマークは、「ポジティブ・アクション宣言サイト」からダウンロードでき、ポジティブ・アクションに取り組んでいる企業や、ポジティブ・アクションの普及促進に賛同する企業、労使団体等が、シンボルマークの作成趣旨に基づいて自由に利用することができる。（出典：厚生労働省「平成 30 年版働く女性の実情」）

【企業におけるポジティブ・アクションに関する調査】

　厚生労働省「平成25年度雇用均等基本調査（確報）」によれば、ポジティブ・アクションを推進することが必要と考える理由は、「男女ともに職務遂行能力によって評価されるという意識を高めるため」と回答した企業の割合が64.4％と最も高く、次いで「女性の能力が有効に発揮されることにより、経営の効率化を図るため」（63.7％）という回答になった。

　僅差ではあるものの、経営の効率化より企業内のジェンダーフリーの意識を高めることがポジティブ・アクション推進の理由と考えられており、企業間においてもジェンダーフリーの意識の重要性が広く認識されていることが明らかになった。

6　女性の活躍を阻害する社会制度、慣行の見直し

【制度改正】

　平成30年度は、働きたい女性が不便さを感じ、働く意欲が阻害されることのないよう就業調整を意識しなくて済む制度等の整備が進められた。

　税制については、所得税法（昭和40年法律第33号）等の改正により、平成30年1月から、配偶者控除等について、配偶者の収入制限を103万円から150万円に引き上げるなどの見直しが適用された。

　社会保障制度については、被用者保険の適用拡大を進めることとしており（厚生年金の加入要件については、後述の参考知識参照）、大企業で働く短時間労働者を対象とした被用者保険の適用拡大に加えて、平成29年4月からは、中小企業等で働く短時間労働者についても、労使合意を前提に企業単位で適用拡大の途を開いた。

　平成30年4月には、社会保障審議会年金部会において次期年金制度改正に向けた議論を開始し、その中で被用者保険の更なる適用拡大に向けた検討も行っている。

　民間企業における配偶者手当については、平成30年1月に改訂されたモデル就業規則を活用しながら、「配偶者手当の在り方の検討に関し考慮すべき事項」（平成28年5月9日付基発0509第1号）について広く周知を図り、配偶者手

当が女性労働者の就業調整の要因となっている事実などを啓蒙し、労使に対し
その在り方の検討が促している。

　なお、国家公務員の配偶者に係る扶養手当については、平成28年11月に一
般職の職員の給与に関する法律（昭和25年法律第95号）が改正され、平成29
年4月から、段階的に配偶者に係る手当額を他の扶養親族と同額まで減額する
などの見直しが行われている。

　[参考知識：パート・アルバイト等の厚生年金加入要件]
　　勤務時間・勤務日数が、常時雇用者の3／4未満で、以下の①～⑤の要件に
該当する者
　　①週の所定労働時間が20時間以上あること
　　②雇用期間が1年以上見込まれること
　　③雇用の月額が8.8万円以上であること
　　④学生でないこと
　　⑤被保険者数が常時501人以上の企業に勤めていること

【国の総合的な子育て支援】
　性別による固定的役割分担として、育児の負担が女性に偏りがちであること
や、後述のとおり育児を理由として働くことを希望しているにもかかわらず求
職できない女性が多くいることから、子育ての負担が過大であることは女性の
活躍を阻害している要因になっていると考えられる。

　そのため、国が子育て支援の施策を行い子育ての負担を軽減することは、女
性活躍推進にも資するといえるが、この点については以下のような取組みが行
われている。

　①子育て安心プラン
　　子育て安心プランとは、平成29年からの厚生労働省の取組であり、待機児
童解消に必要な受け皿約22万人分の予算を平成30年度から平成31年度末
までの2年間で確保することや、平成30年度から平成34年度末までの5年
間で女性就業率80%に対応できる約32万人分の受け皿整備を内容とするも
のである。

　　具体的には、保育の受け皿の拡大、保育の受け皿拡大を支える保育人材の

確保、保護者への支援（「保育コンシェルジュ」による出張相談等）の普及促進、認可外保育施設を中心とした保育の質の確保、持続可能な保育制度の確立、保育と連携した働き方改革（男性による育児の促進等）を行っている。

②教育の無償化・負担軽減

　教育の無償化・負担軽減に向けた取組として「経済財政運営と改革の基本方針2018」（平成30年6月閣議決定）において、令和元年10月から、3歳から5歳までの子供及び0歳から2歳までの住民税非課税世帯の子供についての幼稚園、保育園、認定こども園等の費用を無償化することとされた。

③企業主導型保育事業

　企業主導型保育事業については、待機児童対策への貢献や多様な働き方への対応等の意義を確認しつつ、子供の安全第一の観点から、保育の質の確保・向上を重視し、審査、指導監査、地方自治体との連携の在り方を見直すなど、円滑な実施が図られている。

④新・放課後子ども総合プラン

　新・放課後子ども総合プランとは、文部科学省及び厚生労働省における取組であり、放課後児童クラブについて、2021年度末までに約25万人分を整備し、待機児童解消を目指し、その後も女性就業率の上昇を踏まえ2023年度末までに計約30万人分の受け皿を整備することや、全ての小学校区で、両事業を一体的に又は連携して実施し、うち小学校内で一体型として1万箇所以上で実施することを目指す、また新たに開設する放課後児童クラブの約80%を小学校内で実施することを目指すこと等をその内容としている。

【待機児童数及び保育所等利用率】

　上記国の総合的な子育て支援を受け、待機児童数は長期的には減少傾向にあり、保育利用率は右肩上がりに上昇している。

　保育利用率が常に上昇傾向にあるにもかかわらず、待機児童数が増えた年（平成29年等）は、今まで競争倍率が高く保育を利用したくても申請していなかった潜在的な利用希望者層が顕在化したものと考えられる。

　平成31年においては、1・2歳児の保育利用率は48.1%と約半数に至るまで上昇しており、行政の子育て支援が奏功していることがみてとれる。

（保育所等待機児童数及び保育所等利用率の推移）

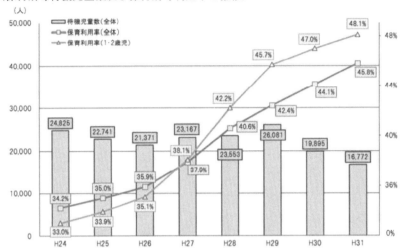

出典：厚生労働省「保育所等関連状況取りまとめ（平成31年4月1日）」

【自己啓発を実施するメリット】

　自己啓発が労働者に与える効果として、労働者の生産性が上昇することで、賃金が上昇する効果や、非就業者の就業確率が上昇する効果等があると考えられている。

　自己啓発を実施した労働者の処遇がどの程度変化するか企業に調査したところ、6割程度の企業が何らかの考慮を行っていると答えたことから、企業内においても自己啓発の効果は一定程度周知されているものといえる。

　また、大学等で実際に学び直しを行っている社会人学生に対し、学び直しを通して習得したい知識・技能・資格等について調査したところ、専門的知識を得たいとする回答割合が約7割と最も高くなっており、技術革新に代替されにくい業務への労働移動を容易にするための学び直しを行う社会人学生が多いことから、自己啓発を仕事に活かそうとする傾向が推察される。

　上記のとおり様々な効果が期待されるのにもかかわらず、我が国で、通学等での学び直しを行っている人の割合は、他国と比べても少ない。

　次ページの図のとおり、25〜64歳のうち大学等の機関で教育を受けている者の割合をOECD諸国で比較すると、日本の割合は2.4%と、英国の16%、アメ

リカの 14%、OECD 平均の 11% と比較して大きく下回っており、データが利用可能な 28 か国中で最も低い水準になっている。

　なお、日本における仕事以外の学びの実施状況等については、【リカレント教育】で詳述する。

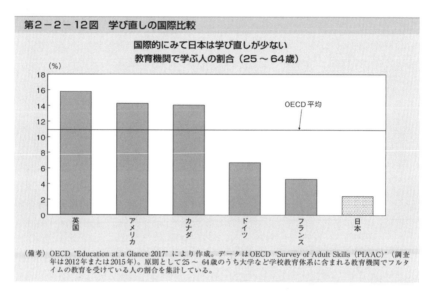

出典　内閣府「経済財政白書」平成 30 年版

【仕事以外の活動のための学びのハードル】

　内閣府は、委託調査「多様な選択を可能にする学びに関する調査」により、仕事以外の活動のための学びに関する調査をしている。

　この調査における「仕事以外の活動のための学びのハードル」について見ると、男女ともに「仕事が忙しくて時間がないから」とする回答が最も多いが、女性では「家事・育児・介護などが忙しくて時間がないから」が、男性では「特に理由はない」がこれに続いている。

　同じ項目を男女で比較すると、「家事・育児・介護などが忙しくて時間がないから」、「学習するための費用がかかるから」の割合は女性の方がすべての世代で高く、「仕事が忙しくて時間がないから」とする割合は男性の方がすべての世代で高い。

　家事・育児等の負担が女性に偏っていることが、女性社会人の学びに当たって大きなハードルになっていることがうかがわれる。

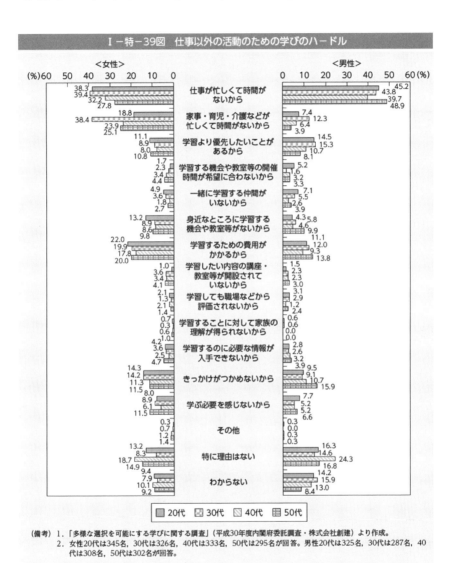

Ⅰ－特－39図　仕事以外の活動のための学びのハードル

（備考）1.「多様な選択を可能にする学びに関する調査」（平成30年度内閣府委託調査・株式会社創建）より作成。
　　　　2. 女性20代は345名、30代は326名、40代は333名、50代は295名が回答。男性20代は325名、30代は287名、40代は308名、50代は302名が回答。

出典：内閣府「男女共同参画白書」令和元年版

【仕事以外の活動のための学びを実践につなげる際のハードル】

　内閣府委託調査「多様な選択を可能にする学びに関する調査」より、学びを終えて実際に活動へ踏み出す際のハードルを見ると、男性20代で「知識・技能や経験を身につけたことを証明するものがない」とする回答が多く、女性20代と30代では「活かすことができるまでの段階に達していない」とする回答が多かった。

　また女性では30代以降で、男性では40代以降で「特に困っている点はない」とする回答が大幅に増えており、学びを行うことに比べ、学びを実践につなげる際の障害は多くないことがうかがわれる。

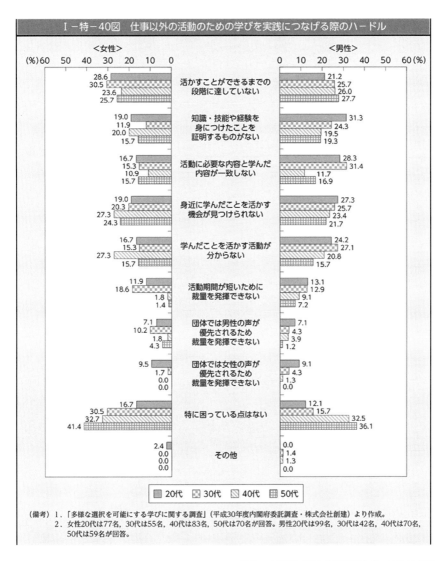

I－特－40図　仕事以外の活動のための学びを実践につなげる際のハードル

出典：内閣府「男女共同参画白書」令和元年版

【地域社会での活動に参加するための方策に関する調査】
　内閣府「生涯学習に関する世論調査」（平成30年）より、地域社会での活動に対する参加の意欲について見ると、「参加してみたい」とする者の割合が、男女ともに全体の8割程度に及んでいる。

　そこで、地域社会での活動に参加するためにどのような方策が必要だと思っているかについて見ると、女性では「地域や社会に関する講習会の開催など、活動への参加につながるようなきっかけ作り」を挙げた者の割合（44.4%）が最も高く、次いで「地域や社会での活動に関する情報提供」（41.6%）となっている。

　男性では「地域や社会での活動に関する情報提供」を挙げた者の割合（43.1%）が最も高くなっているが、女性と同じく「地域や社会に関する講習会の開催など、活動への参加につながるようなきっかけ作り」を挙げた者の割合（39.1%）も高くなっている。

　上記のとおり、上位2つの方策については男女間で大きな違いが認められないものの、「交通費などの必要経費の支援」については女性が30.0%で3番目に多い回答になっているものの、男性は23.6%と差が開いた。

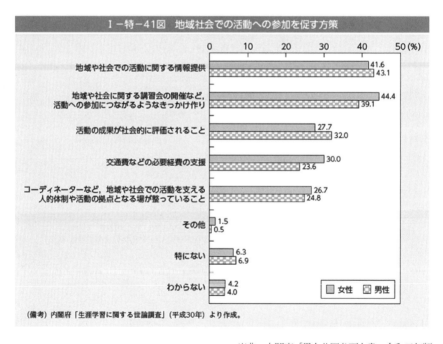

Ⅰ－特－41図　地域社会での活動への参加を促す方策

(備考) 内閣府「生涯学習に関する世論調査」(平成30年) より作成。

出典：内閣府「男女共同参画白書」令和元年版

7 女性の昇進意欲の向上を目指す取り組み

【女性の昇進意欲に関する調査】

　上述のとおり、我が国における企業内の女性管理職の割合は諸外国と比較して低い水準にとどまっているが、企業内において、女性管理職が少ない又はいない理由として、「女性が希望しない」、「女性に昇進意欲がない」と指摘されることは少なくない。

　独立行政法人労働政策研究・研修機構「男女正社員のキャリアと両立支援に関する調査」（平成25年3月）によれば、課長以上への昇進を希望する者の割合は、男性（一般従業員の5〜6割、係長・主任の7割程度）に比べて女性（一般従業員の1割程度、係長・主任の3割弱）が顕著に低くなっている。

　ただし、昇進を望まない者にその理由を尋ねると、「自分には能力がない」、「責任が重くなる」を挙げる者の割合は男女でほとんど差がない一方で、「メリットがないまたは低い」、「やるべき仕事が増える」という理由は男性が女性よりも多く、「仕事と家庭の両立が困難になる」や「周りに同性の管理職がいない」という理由は女性が男性より多く挙げている。

　家庭内における家事の負担が女性に偏っており、その状況は女性が管理職に昇進したとしても変更はないと考えている女性が多いことや、周りにロールモデル（後述の参考知識を参照）となる女性管理職がいないこと自体が、女性が管理職を希望し難い原因となっていることがうかがわれる。

(参考) 課長以上への昇進を望まない理由 (%)

	常用労働者300人以上の企業				常用労働者100〜299人の企業			
	女性		男性		女性		男性	
	一般従業員	係長・主任	一般従業員	係長・主任	一般従業員	係長・主任	一般従業員	係長・主任
メリットがないまたは低い	22.9	27.8	41.2	50.3	24.3	32.2	45.9	49.3
責任が重くなる	30.4	35.2	30.2	38.8	24.8	36.7	26.3	37.0
自分には能力がない	26.0	33.9	27.6	29.1	22.7	24.0	23.3	28.5
やるべき仕事が増える	14.5	18.6	24.6	27.8	11.5	17.8	21.6	25.8
仕事と家庭の両立が困難になる	40.0	42.5	17.4	19.7	32.8	35.5	10.4	18.4
周りに同性の管理職がいない	24.0	17.1	0.3	—	28.3	19.8	2.2	1.1

〈備考〉 1. 独立行政法人労働政策研究・研修機構「男女正社員のキャリアと両立支援に関する調査」（平成25年）を基に作成。
　　　　2. 他の選択肢は割愛した。

出典：内閣府「男女共同参画白書」平成25年版コラム

［参考知識：ロールモデル］

　　ロールモデルとは、自分がお手本にしたい存在で、具体的な行動や考え方の規範となる人物のことを言う。

　　また、企業側がどのようなロールモデルを提示するかも重要なポイントとなり、ロールモデルを持たせることで次のような効果が期待できる。

・キャリアを描きやすくなる

　　　豊富な仕事経験を持つ管理職やリーダーシップを発揮している先輩などが身近にいることで、従業員はビジョンやキャリアを描きやすくなり、そこに向かうために必要なスキルや経験が「見える化」し、どのようなステップを踏めば良いかも分かる。

・組織の活性化

　　　従業員は、お手本にしたいと思える存在が身近にいることで、その相手とのコミュニケーションを密にとり多くを学び取ろうとするため、主体的に業務に取り組むようになり、能力の向上や成長が期待できる。

　　　また、自分自身も誰かのロールモデルになりたいと意識することで、仕事への姿勢や後輩へのサポート及び従業員同士のコミュニケーションが活発になり、組織の活性化が期待できる。

・女性が活躍する企業

　　　妊娠・出産・育児は、仕事との両立が難しいと思っている女性従業員も、管理職を目指したり、出産後も働きたいと考える人にとっては、それをクリアした経験者（ロールモデル）が身近にいることが大きな刺激になり、経験者としての「生の声」が聞け、何に備えるべきか、どのような工夫をしているかなどの有益な情報を得ることができる。

　　　その結果、女性の離職率が低下し、女性が活躍する企業となることが期待できる。

　　このように、ロールモデルを持つことで、キャリア形成が描きやすくなる、組織が活性化する、女性が活躍できるなどの効果を得られる。

【柔軟な働き方がしやすい環境の整備】

　　柔軟な働き方がしやすい環境を整備することは、長時間労働の是正、非正規雇用の処遇改善、育児・介護と仕事の両立を支援する取組とあいまって、各人

が、育児や介護等、個々の状況に応じて働き続けることを可能とする。

　また、上述のとおり「仕事と家庭の両立が困難になる」ことを理由に管理職への昇進を望まない女性が多くいる現状に鑑みると、柔軟な働き方がしやすい環境の整備は、女性の就業継続及び昇進意欲の向上につながると考えられる。

　働き方改革においては、柔軟な働き方がしやすい環境の整備として、次のものを推奨している。

　①テレワークの導入
　②短時間正社員制度の導入
　③副業・兼業の許容
　④フレックスタイム制度の導入
　⑤雇用関係によらない働き方の促進

【テレワーク】

　テレワークとは、情報通信技術等を活用して、普段仕事を行う事業所・仕事場とは違う場所で仕事をすることである。テレワークにより、普段仕事を行う事業所・仕事場とは違う場所で仕事をする者を「テレワーカー」という。
「働き方改革実行計画」では、テレワークを、「時間や空間の制約にとらわれることなく働くことができるため、子育て、介護と仕事の両立の手段となり、多様な人材の能力発揮が可能となる」柔軟な働き方であり、その普及を図っていくことが重要であるとしている。

【テレワークの態様】

　雇用されている者のテレワーク（雇用型テレワーク）には、次の態様がある。
　①在宅勤務（在宅型）
　　労働時間の全部又は一部について、自宅で業務に従事するテレワークである。
　②サテライトオフィス勤務（サテライト型）
　　労働者が属する部署があるメインのオフィスではなく、住宅地に近接した地域にある小規模なオフィス、複数の企業や個人で利用する共同利用型オフィス、コワーキングスペース等で行うテレワークである。
　③モバイルワーク（モバイル型）
　　ノートパソコン、携帯電話等を活用して、顧客先・訪問先・外回り先、喫

茶店・図書館・出張先のホテルまたは移動中に臨機応変に選択した場所で行うテレワークである。

（雇用型テレワークの態様）

① 在宅勤務
　（在宅型）

メインのオフィス　自宅

② サテライトオフィス勤務
　（サテライト型）

自宅付近のオフィス
共同利用型オフィス　自宅

③ モバイルワーク
　（モバイル型）

顧客先・訪問先・外回り先・喫茶店・
図書館・出張先のホテル・移動中

非雇用型のテレワークは、パソコンやインターネットなどの情報通信技術を活用し、雇用契約ではなく請負契約に基づいて在宅で行う仕事である。

　「雇用関係によらない働き方」の一態様であり、自営型テレワーク、在宅ワークということもある

【テレワークにおける労働関係法令の適用】

　テレワークを行う労働者は、労働者であることに変わりはないから、労働基準法、労働契約法、最低賃金法、労働安全衛生法、労働者災害補償保険法等の労働関係法令が適用される。

　労働基準法上注意すべき点は、次のとおりである。

①労働条件の明示

　労働契約を締結する者に対し在宅勤務を行わせることとする場合においては、労働契約の締結に際し、就業の場所として、労働者の自宅であることを書面（労働条件通知書等）で明示しなければならない（同法施行規則5条2項）。

②労働時間

　テレワークでも通常の労働時間制（1日8時間、週40時間）が適用される

（同法32条）。

　ただし、変形労働時間制やフレックスタイム制（同法32条の2〜4）、裁量労働制（同法38条の3、4）を活用することができる。また、事業場外みなし労働時間制（同法38条の2）も利用できる。

③就業規則の定め等

　テレワークを行う労働者について、通常の労働者と異なる賃金制度等を定める場合には、当該事項について就業規則を作成・変更し、届け出なければならない（同法89条2号）。

　テレワークを行う労働者に情報通信機器等、作業用品その他の負担をさせる定めをする場合には、当該事項について就業規則に規定しなければならない（同法89条5号）。

　テレワーク勤務を行う労働者について、社内教育や研修制度に関する定めをする場合には、当該事項について就業規則に規定しなければならない（同法89条7号）。

労働契約法上注意すべき点は、次のとおりである。
・テレワークを導入する場合は、できる限り書面により確認するものとする（労働契約法4条2項）。
労働安全衛生法上注意すべき点は、次のとおりである
・通常の労働者と同様に、テレワークを行う労働者についても、その健康保持を確保する必要があり、必要な健康診断を行うとともに（同法66条1項）、テレワークを行う労働者を雇い入れたときは、必要な安全衛生教育を行う必要がある（同法59条1項）。
労働者災害補償保険法上注意すべき点は、次のとおりである。
・労働者災害補償保険においては、自宅であっても、業務が原因である災害については、業務上の災害として保険給付の対象となる。

【テレワークへの助成金】

　厚生労働省は、「時間外労働等改善助成金（テレワークコース）」という形で、時間外労働の制限その他の労働時間等の設定の改善及び仕事と生活の調和の推進のため、在宅又はサテライトオフィスにおいて就業するテレワークに取り組

む中小企業事業主に対して、その実施に要した費用の一部の助成を行っている。

　なおここにいう「労働時間等の設定の改善」とは、各事業場における労働時間、年次有給休暇などに関する事項についての規定を、労働者の生活と健康に配慮するとともに多様な働き方に対応して、より良いものとしていくことを指す。

【テレワーク導入状況】

　総務省の「平成30年通信利用動向調査」によると、テレワークを導入している企業は19.1%であり、導入しているテレワークの形態はモバイルワークの割合が最も高く63.5%であり、在宅勤務の37.6%、サテライトオフィスの11.1%が続く。

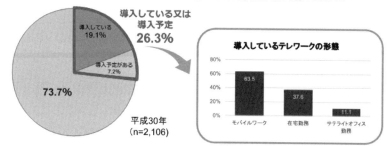

【テレワークの導入目的】

　総務省の「平成30年通信利用動向調査」によると、企業におけるテレワークの実施目的で最も割合の高かった回答は「定型的業務の効率性（生産性）の向上」（56.1%）となり、「勤務者の移動時間の短縮」（48.5%）「通勤困難者（身障者、高齢者、介護・育児中の社員等）への対応」（26.0%）が続いた。

　この結果からは、企業はテレワークを、介護や育児中の社員への対応のための柔軟な働き方の提示といった福利厚生の側面より、効率性を求めて導入していることがみてとれる。

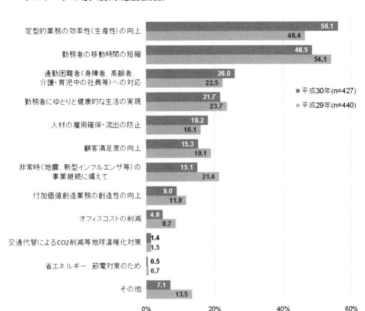

テレワークの導入目的（複数回答）

- 定型的業務の効率性（生産性）の向上 56.1 / 46.4
- 勤務者の移動時間の短縮 48.5 / 54.1
- 通勤困難者（身障者、高齢者、介護・育児中の社員等）への対応 26.0 / 22.5
- 勤務者にゆとりと健康的な生活の実現 21.7 / 23.7
- 人材の雇用確保・流出の防止 18.2 / 16.1
- 顧客満足度の向上 15.3 / 19.1
- 非常時（地震、新型インフルエンザ等）の事業継続に備えて 15.1 / 21.4
- 付加価値創造業務の創造性の向上 9.0 / 11.8
- オフィスコストの削減 4.8 / 8.7
- 交通代替によるCO2削減等地球温暖化対策 1.4 / 1.5
- 省エネルギー、節電対策のため 0.5 / 0.7
- その他 7.1 / 13.5

■ 平成30年（n=427）
■ 平成29年（n=440）

（注）テレワーク導入企業に占める割合

【短時間正社員】

　「短時間正社員」とは、①期間の定めのない労働契約（無期労働契約）を締結し、②時間当たりの基本給及び賞与・退職金等の算定方法等がフルタイム正社員と同等であるが、フルタイム正社員と比較して、1週間の所定労働時間が短い労働者である。

　「フルタイム正社員」は、1週間の所定労働時間が40時間程度（1日8時間・週5日勤務等）で、期間の定めのない労働契約を締結した正社員である。

　短時間正社員の仕組みは、女性活躍の観点からいうと、以下の人材活用上の課題への対応に有効と考えられている。

　・子育て期のフルタイム正社員の離職を防止したい（正社員のままで短時間勤務）

　・親等の介護を行うフルタイム正社員の離職を防止したい（介護と両立しながら働く）

・フルタイムでは働けない意欲・能力の高い労働者を新たに正社員として入社させたい

・意欲や能力の高いパートタイム労働者のモチベーションを向上させ、定着を促したい（短時間正社員へのキャリアアップ）

【短時間正社員制度の導入・利用状況】

　短時間正社員制度（育児・介護のみを理由とする短時間・短日勤務は除く）がある事業所の割合は、21.2%である（厚労省「平成28年度雇用均等基本調査」）。

　短時間正社員制度の規定がある事業所において、2015年10月1日から2016年9月30日までの間に制度を利用した者の割合は2.5%であった。男女別にみると、女性は4.8%、男性は0.7%となっている。また、制度の利用者の男女比は、女性85.3%、男性14.7%であった（同）。

　これらのデータから、短時間正社員制度の導入企業はまだ少なく、導入企業でも利用者は極めて少ないうえ、利用者のほとんどは女性であることがわかる。

【短時間正社員促進のための施策】

　厚生労働省は、「短時間正社員制度」を企業が導入・活用することを促進し、企業の人材活用上の課題を解決するとともに、時間に制約がある人材が、ワークライフバランスを実現しつつ、生き生きと能力を発揮できる職場環境の整備につなげるため、次の施策を講じている。

　①「短時間正社員制度導入支援マニュアル」の策定・公表

　②「短時間正社員制度導入支援ナビ」の運用

【フレックスタイム制】

　「フレックスタイム制」とは、一定の清算期間における総所定労働時間（「総労働時間」）を定めておき、労働者がその範囲内で始業と就業の時刻を選択して働くことができる制度である（労働基準法32条の3）。通常は、出退勤のなされるべき時間帯（フレキシブルタイム）が定められる。また、全員が必ず勤務すべき時間帯（コアタイム）を定めるものが多い。

　フレックスタイム制では、コアタイムを除き、使用者は、労働者に対して、ある時刻までの出勤や居残りを命じることはできず、始業及び終業の時刻を、

労働者の決定にゆだねなければならない。

　フレックスタイム制は、特定の週または特定の日において、法定労働時間（1週40時間、1日8時間）を超えて労働させることができる変形労働時間制の一種である（弾力的な労働時間制度なのであり、休憩・休日、時間外・休日労働、深夜業の法規制を免除する制度ではない点に注意を要する）。

（フレックスタイムのモデル例）

［参考知識：フレックスタイム導入の要件］

フレックスタイム制の要件は次のとおりである（労働基準法32条の3）。

　(1) 一定範囲の労働者につき始業・終業時刻を各労働者の決定に委ねることを就業規則で定めること

　(2) 事業場の過半数組合または過半数代表者との書面による協定（労使協定）で次の事項を定めること

　　なお、原則として、労使協定の労基署への届出は要しない。

　①フレックスタイム制をとる労働者の範囲

　②原則として、1か月以内の「清算期間」

　　　清算期間は賃金の計算期間に合わせて1か月とするのが原則である。ただし、働き方改革関連法による改正により、清算期間の上限が1か月から3か月に延長されている（改正労働基準法32条の3第1項2号）。

　③清算期間における総労働時間

　　　清算期間における総労働時間は、清算期間において労働者が労働すべき総所定労働時間である。

　　　総労働時間は、清算期間を通じて1週間あたりの平均が週の法定労働

時間を超えない範囲内でなければならない。これを言い換えれば、総労働時間は、当該清算期間における法定労働時間の総枠（※）を超えない範囲内で設定しなければならない。

※清算期間（1 か月）の法定労働時間の総枠＝週の法定労働時間（40 時間または 44 時間）×暦日数÷7 だから、週の法定労働時間が 40 時間の場合は、法定労働時間の総枠は、28 日の月で 160 時間、29 日の月で 165.7 時間、30 日の月で 171.4 時間、31 日の月で 177.1 時間となる。

④標準となる 1 日の労働時間（労働基準法施行規則 12 条の 3 第 1 号）

⑤コアタイムを定める場合はその開始・終了時刻（同規則 12 条の 3 第 2 号）

⑥フレキシブルタイムを定める場合はその開始・終了時刻（同規則 12 条の 3 第 3 号）

【フレックスタイム制における時間外労働】

　フレックスタイム制においては、清算期間を通じて 1 週間あたりの平均所定労働時間が週の法定労働時間を超えない範囲内であれば、特定の週または特定の日について、法定労働時間を超えて労働しても法定時間外労働にはならない。

　これを言い換えれば、当該清算期間における総所定労働時間（総労働時間）を、当該清算期間における法定労働時間の総枠（例えば、31 日の月では 177.1 時間、30 日の月では 171.4 時間）を超えないように設定し、その範囲内で労働する限り、特定の日、特定の週に法定労働時間を超えて労働することがあっても、時間外労働にはならない。

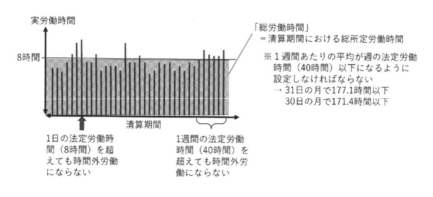

　フレックスタイム制をとる労働者が当該清算期間における法定労働時間の総枠を超過して労働する場合は、時間外労働となり、36協定の締結・届出（労働基準法36条）や割増賃金の支払（労働基準法37条）が必要になる。

【フレックスタイム制における労働時間の過不足の取扱い】

　フレックスタイム制において、当該清算期間における総所定労働時間（総労働時間）に比べて、実際に労働した実労働時間に過不足が生じた場合には、次のとおり、当該清算期間内で労働時間及び賃金を清算するのが原則である。

　(1)　総労働時間を超えて労働した場合

　　当該清算期間における総所定労働時間（総労働時間）を超えて労働した場合は、所定時間外労働または法定時間外労働の賃金が発生する（前述）。

　　［参考知識］

　　この場合の超過分の賃金については、「賃金の全額払の原則」（労働基準法24条）が適用されるから、その清算期間内に支払わなければならず、超過分の労働時間を労働者の「貸し時間」として次の清算期間に持ち越して、当該清算期間では超過分の賃金を支払わないという処理をすることは許されない（S63.1.1 基発第1号）。

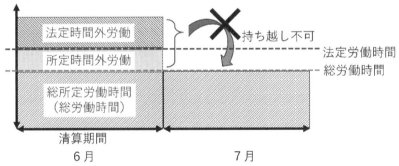

　(2)　実労働時間が総労働時間に足りなかった場合

　　実際の労働時間が当該清算期間における総所定労働時間（総労働時間）に

　足りない場合は、不足分は欠勤時間として取り扱われる。

　この場合は、次のいずれかの方法をとることができる。

　①その清算期間内で清算（不足分の賃金カット）をする。

　②当該清算期間では所定の賃金を支払い、不足の時間分を翌月の総労働時間に加算して労働させる。この場合に加算できる限度は法定労働時間の総枠の範囲内となる。

［参考知識］

　超過分の場合と異なって不足分の持ち越し（②）ができるのは、不足分の場合は賃金の全額払の原則（労働基準法24条）の問題がないからである。

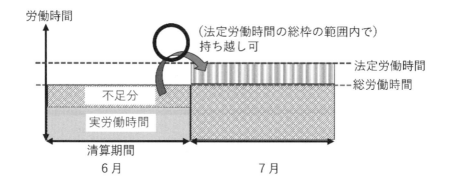

【限定正社員】

　上記のような働き方のほか、「限定正社員」という形も、柔軟な働き方の一つとして近年注目を集めている。

　限定正社員とは、正規雇用労働者と同様に無期労働契約でありながら、勤務地、職務、労働時間などが限定的な社員のことを指す。

　企業の内部人材として女性の更なる増加が見込まれるなか、転勤等について「できればしたくない」と考えている女性が相対的に多く、本人の意向に沿わなければ、場合によっては就業継続が困難となる可能性も示唆されるという現状を背景に生まれた働き方である。

　企業がこの働き方を導入する目的をみると、「仕事と育児・介護・病気治療の

両立を支援するため」「人材の特性に合わせた多様な雇用管理を行うため」といった事項が多く挙げられている。

　また、限定正社員という働き方を導入した効果をみると、「社員の定着率が高まった」といった効果を挙げる企業が多い状況にあり、従業員の定着率の向上を通じて、人手不足対策にも繋がっている。

　限定正社員をめぐる状況をみると、限定正社員がいる企業では、いわゆる正社員と限定正社員との間で相互転換が可能な企業が多いものの、限定正社員になると、いわゆる正社員に戻ることができない企業も少なくない。また、昇進スピードや早期選抜制度の対象とするかは、差を設ける企業と設けない企業でおおむね半々となっている。

課題3　男女共同参画とワークライフバランスの実現

1　女性の就業率

【女性の就業者数及び就業率】

　我が国の就業者数は、平成30年には女性2,946万人、男性3,717万人となっている。

　生産年齢人口（15〜64歳）の女性の就業者数は平成25年以降増加している。また、生産年齢人口の女性就業率は近年上昇が著しく、平成30年には15〜64歳で69.6%、25〜44歳で76.5%となった。

　我が国の女性の生産年齢人口の就業率を他のOECD諸国と比較すると、35か国中16位となっている。

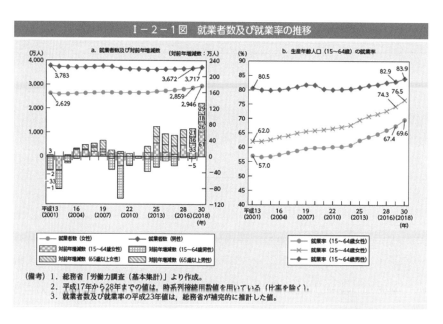

出典：内閣府「男女共同参画白書」令和元年版

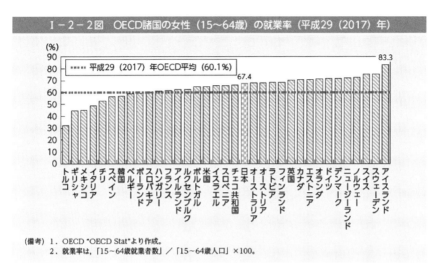

I-2-2図　OECD諸国の女性（15〜64歳）の就業率（平成29（2017）年）

（備考）1．OECD "OECD Stat"より作成。
　　　　2．就業率は、「15〜64歳就業者数」／「15〜64歳人口」×100。

出典：内閣府「男女共同参画白書」令和元年版

【女性の年齢階級別労働力率】

　女性の労働力率（15 歳以上人口に占める労働力人口（就業者＋完全失業者）の割合）は、結婚・出産期に当たる年代に一旦低下し、育児が落ち着いた時期に再び上昇するという、いわゆるM字カーブを描くことが知られているが、近年、M字の谷の部分が浅くなってきている。

　また、労働力率が低下し始めてから再度上昇するまでのM字の谷にあたる期間も短くなってきており、昭和 53 年においては約 25 年であったものが、平成 30 年には約 15 年となっている。

　なお、平成 30 年におけるM字の底の年代は 35〜39 歳（74.8%）である。M字の谷にあたる部分の年代が上昇している理由としては、近年、初婚年齢や出産年齢が上昇していることが挙げられる。

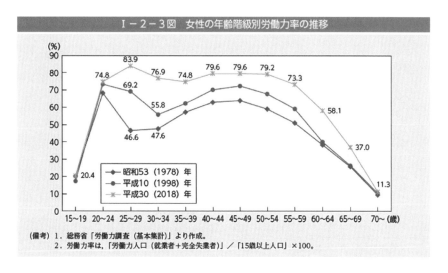

I−2−3図　女性の年齢階級別労働力率の推移

(備考) 1. 総務省「労働力調査（基本集計）」より作成。
2. 労働力率は、「労働力人口（就業者＋完全失業者）」／「15歳以上人口」×100。

出典：内閣府「男女共同参画白書」令和元年版

【主要国における女性の年齢階級別労働力率】

　女性の年齢階級別労働力率について諸外国を見ると、韓国では我が国と同様に、「M字カーブ」を描いているが、他の欧米諸国では見られない。

　特に、平成30年の人間開発指数（HDI）が7位、ジェンダー不平等指数（GII）とジェンダー・ギャップ指数（GGI）が3位と高い水準を維持しているスウェーデンにおいては、25〜29歳における就業率から55〜59歳における就業率は緩やかなアーチを描いており、どこかの年代で就業率が下がるという現象は全くみられない。

　結婚、妊娠、出産等のライフイベントを理由とする離職が、我が国特有の問題となっていることがうかがわれる。

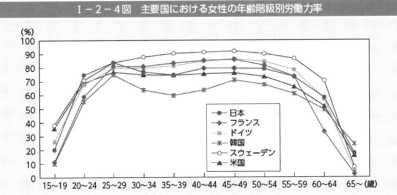

Ⅰ−2−4図　主要国における女性の年齢階級別労働力率

（備考）1. 日本は総務省「労働力調査（基本集計）」（平成30年）、その他の国はILO "ILOSTAT"より作成。フランス、ドイツ、スウェーデン及び米国は平成30（2018）年、韓国は平成29（2017）年の値。
　　　　2. 労働力率は、「労働力人口（就業者＋完全失業者）」／「15歳以上人口」×100。
　　　　3. 米国の15〜19歳の値は、16〜19歳の値。

出典：内閣府「男女共同参画白書」令和元年版

【働いていない人の就労意欲】

　平成30年度内閣府委託調査「多様な選択を可能にする学びに関する調査」によると、働いていない（有償労働をしていない）人の就労意向については、女性では「アルバイト、パート、契約社員（非正規雇用）として働きたい」が46.0%で最も多く、「働きたいとは思わない」が29.7%で続く一方で、男性では「働きたいとは思わない」が36.0%で最も多く、「常勤の社員、職員（正規雇用）として働きたい」が30.2%で続く。

　また女性について年代別にみると、20代・30代では「働きたいとは思わない」がそれぞれ10.0%、16.4%であり、それ以外の90%及び83.6%と極めて多くの女性が何らかの形で就労する意欲を持っているのに対し、40代・50代では「働きたいとは思わない」がそれぞれ32.2%、53.0%であり、子育て世代ともいえる20代・30代の方が高い就労意欲を持ちつつも働いていないという現状が明らかになった。

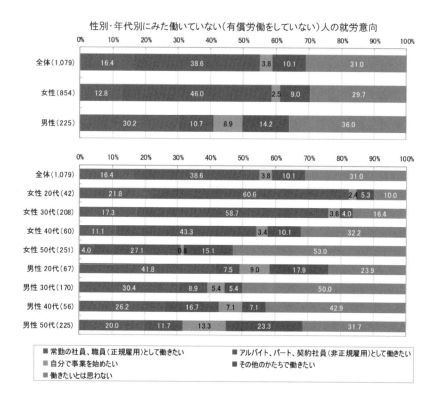

性別・年代別にみた働いていない（有償労働をしていない）人の就労意向

凡例:
- ■ 常勤の社員、職員（正規雇用）として働きたい
- ■ アルバイト、パート、契約社員（非正規雇用）として働きたい
- ■ 自分で事業を始めたい
- ■ その他のかたちで働きたい
- ■ 働きたいとは思わない

【女性が職業を持つことに対する意識の変化】

　女性が職業を持つことに対する意識について、平成4年からの変化を男女別に見ると、「子供が大きくなったら再び職業をもつ方がよい」の割合が男女ともに減少する一方で、「子供ができても、ずっと職業を続ける方がよい」の割合が増加している。

　平成28年の調査となる内閣府「男女共同参画社会に関する世論調査」では、「子供ができても、ずっと職業を続ける方がよい」の割合が男女ともに初めて5割を上回った。

　各回答の割合の推移は男女間で大きな差はなく、男女ともに女性が職業を持つことに対する意識の変化が生じたことが明らかになった。

88

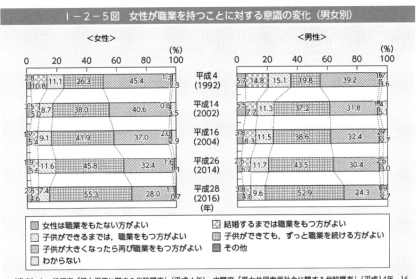

I－2－5図　女性が職業を持つことに対する意識の変化（男女別）

(備考)　1．総理府「男女平等に関する世論調査」(平成4年)，内閣府「男女共同参画社会に関する世論調査」(平成14年，16年，28年) 及び「女性の活躍推進に関する世論調査」(平成26年) より作成。
　　　　2．平成26年以前の調査は20歳以上の者が対象。平成28年の調査は，18歳以上の者が対象。

出典：内閣府「男女共同参画白書」令和元年版

【女性にとって望ましい結婚や就業の在り方に対する意識調査】
　平成30年度内閣府委託調査「多様な選択を可能にする学びに関する調査」によると、女性にとって望ましい結婚や就業の在り方について、全体における「結婚し、子どもを持つが、仕事も続ける」の割合が43.0%、「結婚し子どもを持つが、結婚あるいは出産の機会にいったん退職し、子育て後に再び仕事を持つ」の割合が36.0%となっている。

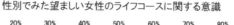

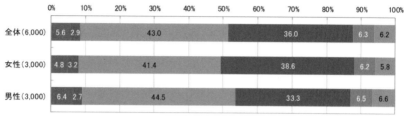

性別でみた望ましい女性のライフコースに関する意識

全体(6,000)	5.6 2.9	43.0	36.0	6.3	6.2
女性(3,000)	4.8 3.2	41.4	38.6	6.2	5.8
男性(3,000)	6.4 2.7	44.5	33.3	6.5	6.6

- 結婚せず、仕事を続ける
- 結婚するが子どもは持たず、仕事を続ける
- 結婚し、子どもを持つが、仕事も続ける
- 結婚し子どもを持つが、結婚あるいは出産の機会にいったん退職し、子育て後に再び仕事を持つ
- 結婚し子どもを持ち、結婚あるいは出産の機会に退職し、その後は仕事を持たない
- その他

　なお、次ページの表で性別及び年代別に見ても、男女のいずれの世代も、この 2 つで 7〜8 割を占めている。

　上記のとおり、平成 4 年の、女性が職業を持つことに対する意識調査においては、「子供ができても、ずっと職業を続ける方が良い」と回答した者は男性 19.8%、女性 26.3%と多くはなかったにもかかわらず、今回の調査においては 50 代も含めて「結婚し、子どもを持つが、仕事も続ける」という回答の割合が最も高かったことに鑑みれば、時代の変化と共に人々の意識も変化してきたことが推察される。

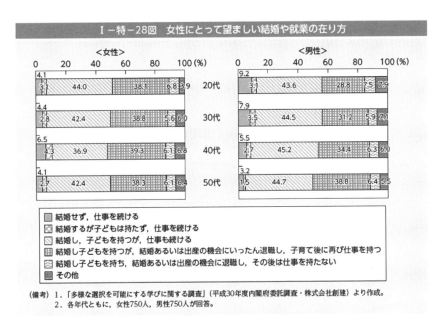

I－特－28図　女性にとって望ましい結婚や就業の在り方

<男性>

<女性>

(備考)　1.「多様な選択を可能にする学びに関する調査」(平成30年度内閣府委託調査・株式会社創建)より作成。
　　　　2. 各年代ともに、女性750人、男性750人が回答。

出典：内閣府「男女共同参画白書」令和元年版

【子供の有無と女性の就労状況】

　上記のとおり、性別による固定的役割分担意識は全年代を通じて薄れてきており、結婚や出産といったライフイベントの存在にかかわらず女性の経済分野に対する参画を肯定的に捉える意識が醸成されている。

　またそれに伴い、後述のとおり第1子出産後も就業継続する女性の割合は近年上昇を続けている。

　しかしその一方で、現実には、女性の就労状況は子供の有無によって影響を受けていると考えられることが、平成30年度内閣府委託調査「多様な選択を可能にする学びに関する調査」により明らかになっている。

　20代において、働いていない女性の割合は、子供がいる場合は43.2%に上るのに対し、子供がいない場合は10.3%に留まっている。また30代において働いていない女性の割合は、子供がいる場合には37.7%であるのに対し、子供がいない場合は18.9%となっている。

　40代以降は上記傾向が逆転し、子供がいない場合の方が働いていない女性の

　割合が多い結果となっているが、子育て世代である 20 代・30 代において、子供の有無が就労状況に大きく影響を与えていることがみてとれる。

　また雇用形態別にみると、子供がいる場合よりもいない場合の方が、正社員の割合が高い。特に 20 代において顕著であり、子供がいない場合は 60.0％であるのに対し、子供がいる場合は 30.4％と半数近くまで割合が落ち込んでいる。

　子供の有無が、女性の雇用形態にも大きな影響を与えていることがみてとれる。

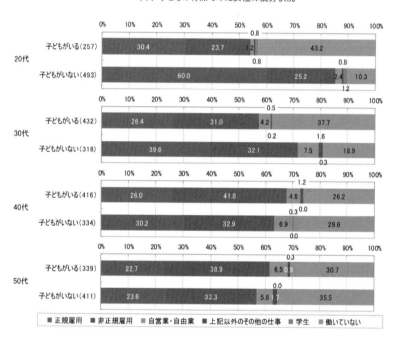

年代・子どもの有無でみた女性の就労状況

平成 30 年度内閣府委託調査「多様な選択を可能にする学びに関する調査」より

2　女性の就職活動

【女性の就業希望者数】

　総務省「労働力調査（詳細集計）」によると、平成 30 年における女性の非労働力人口 2,708 万人のうち、237 万人が就業を希望している。

　就業を希望しているにもかかわらず、現在求職していない理由としては「出産・育児のため」が最も多く、32.6％となっている。

　出産・育児の負担が女性の経済分野への参画の障害となっており、M字カーブの原因となっている現状がうかがわれる。

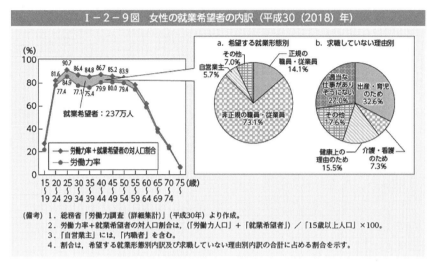

Ⅰ－2－9図　女性の就業希望者の内訳（平成30（2018）年）

（備考）1．総務省「労働力調査（詳細集計）」（平成30年）より作成。
　　　　2．労働力率＋就業希望者の対人口割合は、（「労働力人口」＋「就業希望者」）／「15歳以上人口」×100。
　　　　3．「自営業主」には、「内職者」を含む。
　　　　4．割合は、希望する就業形態別内訳及び求職していない理由別内訳の合計に占める割合を示す。

出典：内閣府「男女共同参画白書」令和元年版

【進路選択の先にある将来の環境】

　大学・短期大学・専門学校への進学時に重視したことについて見ると、男性は「進学または就職に有利であること」が 22.9％で最も多く、次に「自分のやりたいことを勉強できること」が 22.1％と多くなっているが、これに対して女性は「自分のやりたいことを勉強できること」が 28.4％で最も多く、次に「就職のための資格が取れること」が 24.9％と多くなっている。

　男女ともに就職を見据えた進路選択をする者が多いなか、女性の方がより資格取得を重視していることがうかがわれる。

　女性について最終学歴別に見ると、「専門学校卒」「大学（理系）卒」は、「就職のための資格が取れること」を重視する割合が半数を超えているが、「大学（文系）卒」、「短期大学卒」は「自分のやりたいことを勉強できること」を重視する割合が最も高くなっている。

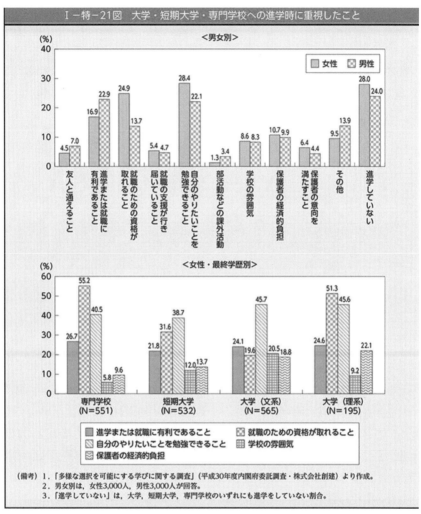

出典：内閣府「男女共同参画白書」令和元年版

3　総合職、一般職の選択

【総合職及び一般職に関する採用状況】

　厚生労働省「コース別雇用管理制度の実施・指導状況」（平成 26 年度）によると、平成 26 年 4 月の採用者の男女比率は、総合職は女性 22.2%、男性 77.8%と、女性の総合職に占める割合は男性の 3 分の 1 に満たなかった。

　その一方で、一般職は女性82.1%、男性は17.9%となっており、女性の占める割合が高い。

　コース別採用にあたり、男性は総合職、女性は一般職という傾向が根強く残っている現状がうかがわれる。

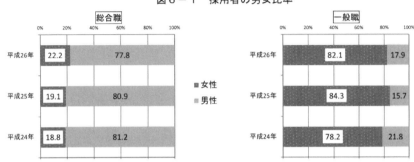

図6－1　採用者の男女比率

出典：厚生労働省「コース別雇用管理制度の実施・指導状況」

【総合職の採用後の状況】

　平成17年4月の総合職新規採用者について、10年後である平成26年4月時点での役職等の状況を見ると、女性は、「一般職員」が33.1%、「係長相当職」が3.0%、「課長相当職」が4.0%、「その他」が1.4%であり、「離職」は58.6%と、6割近くにのぼっている。

　その一方で男性については、「一般職員」が38.1%、「係長相当職」が15.5%、「課長相当職」が6.9%、「その他」が2.4%となっており、「離職」は37.1%と4割弱にとどまっている。

　すなわち、女性と男性との間で、入社後10年間における離職率は大きく差が開いた結果となった。

　また、係長相当職及び課長相当職に昇進した割合を男女で比較すると、女性は合計7.0%、男性は22.4%と、3倍以上男性の数値が高く、総合職において男性と女性間でその後の昇進状況に大きく差があることが見てとれる。

図8−1　平成17年4月総合職新規採用者の10年後の状況（労働者）

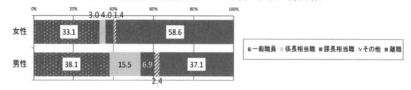

出典：厚生労働省「コース別雇用管理制度の実施・指導状況」

【厚生労働省の取組み】

　上記のとおり、一般職と総合職に占める割合は男女間で大きく差があり、また総合職で入社した雇用者について、男女間で昇進状況に差がある状況となっているが、厚生労働省は、「コース等で区分した雇用管理を行うに当たって事業主が留意すべき事項に関する指針」（平成25年厚生労働省告示第384号）に基づき、コース等で区分した雇用管理制度を導入している企業に対して、実質的な男女別雇用管理とならないよう、同指針の周知徹底を図るとともに、男女雇用機会均等法に違反する企業に対しては是正指導を行っている。

　具体的には、留意すべき事項として以下の事項をあげている。
（法に直ちに抵触する例）
　(1)　一方の性の労働者のみを一定のコース等に分けること。
　(2)　一方の性の労働者のみ特別な要件を課すこと。
　(3)　形式的には男女双方に開かれた制度になっているが、実際の運用上は男女異なる取扱いを行うこと。
（制度のより適正かつ円滑な運用をするために留意すべき事項の例）
　(1)コース等別雇用管理を行う必要性及び当該コース等の区分間の処遇の違いの合理性について十分に検討すること。その際、コース等の区分に用いる基準のうち一方の性の労働者が事実上満たすことが困難なものについては、その必要性について特に注意すること。
　(2)　労働者の納得が得られ、長期的な職業設計をたてることができるように制度 運営がなされることが肝要であることを踏まえ、コース等の区分間の職務内容及び職務上求められる能力を明確にするとともに、労働者に対し、コース等の区分における職務内容、処遇等を十分に説明すること。

　（3）コース等の新設、変更又は廃止に際して、処遇を変更する場合には、その内容及び必要性を十分に検討するとともに、当該コース等に属する労働者及び労働組合に対し、十分に説明しつつ慎重に行うこと。またその場合には、転換制度の活用等経過措置を設けることにより柔軟な運用を図ることも考えられること。

　（4）コース等を廃止する際、当該コース等に属する労働者の多くが一方の性の労働者である場合には、結果的に一方の性の労働者のみに解雇その他不利益な取扱いがなされることのないよう、教育訓練の実施等により他のコース等への 円滑な転換を図る等十分な配慮を行うこと。

4　M字カーブ問題の解消等に向けたワークライフバランス等の実現

【女性の就業継続】

　M字カーブの谷が近年浅くなってきていることは前述のとおりであり、第一子出産前後に女性が就業する割合は近年上昇している。平成21年までは4割前後で推移してきていたが、最新の調査では5割を超えるまでに上昇した。また、出産退職した女性の割合は平成12年から平成21年に4割超まで増加したが、現在では3割超まで減少している。

　特に、育児休業を取得して就業継続した女性の割合は、昭和60年の調査開始以来、上昇し続けている。

　結婚・出産というライフイベントにかかわらず仕事を続けた方が良い、という意識が醸成されていることと並行し、実際に就業継続している女性の割合が増えていることが明らかになった。

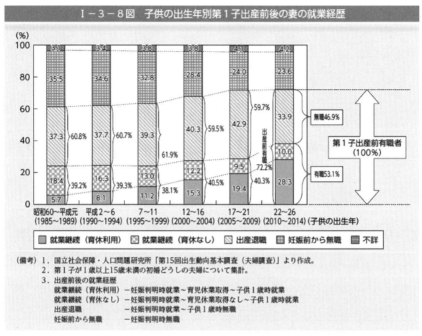

出典：内閣府「男女共同参画白書」令和元年版

【ライフイベントを理由としない転職】

　平成26年に実施された調査（「出産・育児等を機に離職した女性の再就職調査」。以下「平成26年の再就職調査」という。）によると、出産・育児等を機に離職した仕事は、正社員であった者の約半数、非正社員であった者の約6割が初職ではなかったとしており、出産・育児等のライフイベントを理由としない転職を経験している人も少なくないことがうかがわれる。

図表 78　出産・育児等を機に離職した際の従業員規模別　離職した仕事について、初職かどうか：
単数回答（Q10）

		合計	Q10 離職した仕事について初職かどうか	
			最初の仕事（初職）である	最初の仕事（初職）ではない
全体		2061	862	1199
		100.0	41.8	58.2
出産・育児等を機に離職した際の従業員規模	50 人以下	706	215	491
		100.0	30.5	69.5
	51 人〜300 人	520	241	279
		100.0	46.3	53.7
	301 人〜1,000 人	289	171	118
		100.0	59.2	40.8
	1,001 人以上	324	172	152
		100.0	53.1	46.9

出典：平成 26 年度厚生労働省委託事業・三菱 UFJ リサーチ&コンサルティング「出産・育児等を機に離職した女性の再就職調査」

5　雇用の分野における男女の均等な機会と待遇の確保

【雇用の分野における男女の均等な機会と待遇の確保が求められる背景】

　前述のとおり、我が国のジェンダー・ギャップ指数は極めて低い水準にあり、経済分野における女性の参画が低水準に留まっていることがその要因の一つとなっている。また、実際に企業内の管理職に占める女性の割合は諸外国と比較して低い水準となっている。

　上記状況のなか、経済分野における女性の参画を推進するためには、その前提として、雇用の分野における男女間の平等（均等な機会と待遇が確保されていること）が必要不可欠といえる。

【男女同一賃金の原則】

　「男女同一賃金の原則」とは、「使用者は、労働者が女性であることを理由として、賃金について、男性と差別的取扱いをしてはならない」（労働基準法 4 条）という原則である。職務内容の違い等を理由とする異なる取り扱いは同法の違反とならない。

　労働基準法 4 条に違反した者は、6 か月以下の懲役または 30 万円以下の罰金に処せられる（労働基準法 119 条）。

　労働基準法 4 条に違反する取扱いが法律行為（解雇、配置転換、懲戒処分等）

であれば、無効となる。

　また、同条違反の差別的取扱いは、不法行為として損害賠償責任を生じる。

　上記のとおり労働基準法は、罰則等をもって、待遇の基幹部分である賃金について男女間の均等な機会と待遇の確保を図っている。

【所定内給与における男女間格差】

　男女同一賃金の原則は、職務内容の違い等を理由とする異なる取り扱いまでをも違反とするものではないため、実際には男女間において賃金の格差は生じ得る。

　一般労働者における男女の所定内給与額の格差は、長期的にみると縮小傾向にあるものの、所定内給与は一貫して女性が男性より低い水準に留まっている。

　また、平成30年の男性一般労働者の給与水準を100としたときの女性一般労働者の給与水準は73.3となっており、前年に比べ0.1ポイント拡大した。

　一般労働者のうち、正社員・正職員の男女の所定内給与額をみると、男性の給与水準を100としたときの女性の給与水準は75.6となっており、一般労働者の水準よりは格差が縮小していることがみてとれる。

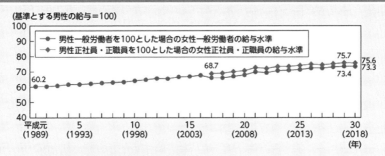

Ⅰ－2－10図　男女間所定内給与格差の推移

(備考)　1.　厚生労働省「賃金構造基本統計調査」より作成。
　　　　2.　10人以上の常用労働者を雇用する民営事業所における値。
　　　　3.　給与水準は各年6月分の所定内給与額から算出。
　　　　4.　一般労働者とは，常用労働者のうち短時間労働者以外の者。
　　　　5.　正社員・正職員とは，一般労働者のうち，事業所で正社員・正職員とする者。
　　　　6.　雇用形態（正社員・正職員，正社員・正職員以外）別の調査は平成17年以降行っている。
　　　　7.　常用労働者の定義は，平成29年以前は，「期間を定めずに雇われている労働者」，「1か月を超える期間を定めて雇われている労働者」及び「日々又は1か月以内の期間を定めて雇われている者のうち4月及び5月に雇われた日数がそれぞれ18日以上の労働者」。平成30年は，「期間を定めずに雇われている労働者」及び「1か月以上の期間を定めて雇われている労働者」。
　　　　8.　「賃金構造基本統計調査」は，統計法に基づき総務大臣が承認した調査計画と異なる取り扱いをしていたところ，平成31年1月30日の総務省統計委員会において，「十分な情報提供があれば，結果数値はおおむねの妥当性を確認できる可能性は高い」との指摘がなされており，一定の留保がついていることに留意する必要がある。

出典：内閣府「男女共同参画白書」令和元年版

【男女雇用機会均等法】
　「男女雇用機会均等法」（雇用の分野における男女の均等な機会及び待遇の確保等に関する法律）は、雇用の分野における男女の均等な機会及び待遇の確保を図るとともに、女性労働者の就業に関して妊娠中及び出産後の健康の確保を図る等の措置を推進することを目的とする法律である。
　男女雇用機会均等法の主な規定は次の通りである。
　①性別を理由とする差別の禁止
　　・募集・採用の差別の禁止（5条）
　　・配置・昇進・降格・教育訓練等の差別の禁止（6条）
　　・間接差別の禁止（7条）
　　・女性労働者に係る措置に関する特例（8条。ポジティブ・アクション）
　②婚姻、妊娠・出産等を理由とする不利益取扱いの禁止等（9条）
　③セクシュアルハラスメント対策（11条）
　④職場における妊娠・出産等に関するハラスメント対策（11条の2）
　⑤母性健康管理措置（12条・13条）

【男女雇用機会均等法の禁止規定の内容】

①募集・採用の差別の禁止

　事業主は、労働者の募集および採用について、その性別にかかわりなく均等な機会を与えなければならない（男女雇用機会均等法5条）。

②配置・昇進・降格・教育訓練等の差別の禁止

　事業主は、次の点について、労働者の性別を理由として、差別的取扱いをしてはならない（男女雇用機会均等法6条1項）。

　・労働者の配置（業務の配分および権限の付与を含む）、昇進、降格

　・一定範囲の福利厚生（厚生労働省令で定めるもの）

　・職種、雇用形態の変更

　・退職の勧奨、定年、解雇、労働契約の更新

③間接差別の禁止

　「間接差別」とは、①性別以外の事由を要件とする措置であって、②当該要件を満たす男性および女性の比率を勘案すると実質的に性別を理由とする差別となるおそれがあると考えられるものを、③合理的な理由がある場合でないときに講ずることである。

　これに対して、女性であるがゆえの伝統的な差別は、直接差別または意図的差別と呼ばれる。

　間接差別については、男女雇用機会均等法により、労働者の性別以外の事由を要件とする措置のうち、実質的に性別を理由とする差別となるおそれがあるものとして厚生労働省令で定める措置について、合理的な理由がない場合は、これを講ずることが禁止されている（同法7条）。

　「厚生労働省令で定める措置」は次のとおりである。

　・労働者の募集または採用にあたり、労働者の身長、体重または体力を要件とすること

　・労働者の募集もしくは採用、昇進、または職種の変更に関する措置であって、労働者の住居の移転を伴う配置転換に応じることができることを要件とするもの

　・労働者の昇進にあたり、労働者が勤務する事業場と異なる事業場に配置転換された経験があることを要件とするもの

④女性労働者に係る措置に関する特例（ポジティブ・アクション）

　雇用の場における「ポジティブ・アクション」とは、男女労働者間に事実上生じている格差を解消することを目的として行う、女性のみを対象とした取扱いや女性を優遇する取扱いである。

　ポジティブ・アクションは、形式的には女性であることを理由とする異なる取り扱いとなるが、格差解消の目的から、男女雇用機会均等法8条はポジティブ・アクションを許容している。

【禁止される差別に関する厚生労働省の指針】
　厚生労働省は、男女雇用機会均等法により禁止される差別の内容を具体的に示した指針である「労働者に対する性別を理由とする差別の禁止等に関する規定に定める事項に関し、事業主が適切に対処するための指針」（平成18年厚生労働省告示第614号）を策定・公表している。

［参考知識：指針が定める募集・採用に関し禁止される措置の例］
　①募集・採用にあたって、その対象から男女のいずれかを排除すること
　②募集・採用にあたっての条件を男女で異なるものとすること
　③採用選考において、能力および資質の有無等を判断する場合に、その方法や基準について男女で異なる取扱いをすること
　④募集・採用にあたって男女のいずれかを優先すること
　⑤求人の内容の説明等募集または採用に係る情報の提供について、男女で異なる取扱いをすること

［参考知識：指針が定める配置に関して禁止される措置の例］
　①一定の職務への配置に当たって、その対象から男女のいずれかを排除すること
　②一定の職務への配置に当たっての条件を男女で異なるものとすること
　③一定の職務への配置に当たって、能力及び資質の有無等を判断する場合に、その方法や基準について男女で異なる取扱いをすること
　④一定の職務への配置に当たって、男女のいずれかを優先すること
　⑤配置における業務の配分に当たって、男女で異なる取扱いをすること
　⑥配置における権限の付与に当たって、男女で異なる取扱いをすること

⑦配置転換に当たって、男女で異なる取扱いをすること

[参考知識：指針が定める昇進に関して禁止される措置の例]
①一定の役職への昇進に当たって、その対象から男女のいずれかを排除すること
②一定の役職への昇進に当たっての条件を男女で異なるものとすること
③一定の役職への昇進に当たって、能力及び資質の有無等を判断する場合に、その方法や基準について男女で異なる取扱いをすること
④一定の役職への昇進に当たり男女のいずれかを優先すること

[参考知識：指針が定める降格に関して禁止される措置の例]
①降格に当たって、その対象を男女のいずれかのみとすること
②降格に当たっての条件を男女で異なるものとすること
③降格に当たって、能力及び資質の有無等を判断する場合に、その方法や基準について男女で異なる取扱いをすること
④降格に当たって、男女のいずれかを優先すること

[参考知識：指針が定める教育訓練に関して禁止される措置の例]
①教育訓練に当たって、その対象から男女のいずれかを排除すること
②教育訓練を行うに当たっての条件を男女で異なるものとすること
③教育訓練の内容について、男女で異なる取扱いをすること

[参考知識：指針が定める福利厚生に関して禁止される措置の例]
①福利厚生の措置の実施に当たって、その対象から男女のいずれかを排除すること
②福利厚生の措置の実施に当たっての条件を男女で異なるものとすること

[参考知識：指針が定める職種の変更に関して禁止される措置の例]
①職種の変更に当たって、その対象から男女のいずれかを排除すること
②職種の変更に当たっての条件を男女で異なるものとすること
③一定の職種への変更に当たって、能力及び資質の有無等を判断する場合に、

　　その方法や基準について男女で異なる取扱いをすること

　④職種の変更に当たって、男女のいずれかを優先すること

　⑤職種の変更について男女で異なる取扱いをすること

［参考知識：指針が定める雇用形態の変更に関して禁止される措置の例］

　①雇用形態の変更に当たって、その対象から男女のいずれかを排除すること

　②雇用形態の変更に当たっての条件を男女で異なるものとすること

　③一定の雇用形態への変更に当たって、能力及び資質の有無等を判断する場

　　合に、その方法や基準について男女で異なる取扱いをすること

　④雇用形態の変更に当たって、男女のいずれかを優先すること

　⑤雇用形態の変更について、男女で異なる取扱いをすること

［参考知識：指針が定める退職の勧奨に関して禁止される措置の例］

　①退職の勧奨に当たって、その対象を男女のいずれかのみとすること

　②退職の勧奨に当たっての条件を男女で異なるものとすること

　③退職の勧奨に当たって、能力及び資質の有無等を判断する場合に、その方

　　法や基準について男女で異なる取扱いをすること

　④退職の勧奨に当たって、男女のいずれかを優先すること

［参考知識：指針が定める定年に関して禁止される措置の例］

　・定年の定めについて、男女で異なる取扱いをすること

［参考知識：指針が定める解雇に関して禁止される措置の例］

　①解雇に当たって、その対象を男女のいずれかのみとすること

　②解雇の対象を一定の条件に該当する者とする場合において、当該条件を男

　　女で異なるものとすること

　③解雇に当たって、能力及び資質の有無等を判断する場合に、その方法や基

　　準について男女で異なる取扱いをすること

　④解雇に当たって、男女のいずれかを優先すること

［参考知識：指針が定める労働契約の更新（雇止め）に関して禁止される措置の例］
　　①労働契約の更新に当たって、その対象から男女のいずれかを排除すること
　　②労働契約の更新に当たっての条件を男女で異なるものとすること
　　③労働契約の更新に当たって、能力及び資質の有無等を判断する場合に、その方法や基準について男女で異なる取扱いをすること
　　④労働契約の更新に当たって男女のいずれかを優先すること

【男女雇用機会均等法に関する相談件数の推移】
　平成29年度に都道府県労働局雇用環境・均等部（室）に寄せられた男女雇用機会均等法に関する相談件数は1万9,187件である。
　相談内容別に見ると、「セクシュアルハラスメント」が最も多く6,808件、次いで「婚姻、妊娠・出産等を理由とする不利益取扱い」が4,434件となっている。
　相談件数が最多であった平成19年度と比べて相談件数が約1万件減少している一方で、「婚姻、妊娠・出産等を理由とする不利益取り扱い」の相談件数は増加しており、結婚、妊娠・出産といったライフイベントを理由としたハラスメントの問題が顕在化していることがうかがわれる。
　なお、この傾向は平成30年度においても更に強化されている。平成30年度に雇用環境・均等部（室）に寄せられた男女雇用機会均等法に関する相談を内容別にみると、平成29年度に続き「セクシュアルハラスメント（第11条関係）」が最も多く7,639件（38.2%）、次いで「婚姻、妊娠・出産等を理由とする不利益取扱い（第9条関係）」が4,507件（22.5%）、母性健康管理（第12条、13条関係）が2,784件(13.9%)となっており、上記の項目については全て相談件数が前年度を上回る結果となった。

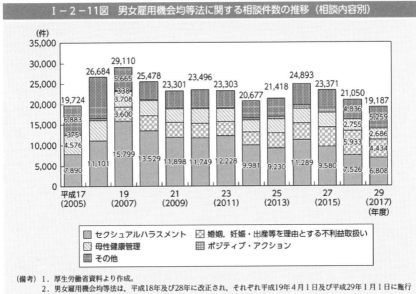

I－2－11図　男女雇用機会均等法に関する相談件数の推移（相談内容別）

（備考）1．厚生労働省資料より作成。
　　　　2．男女雇用機会均等法は、平成18年及び28年に改正され、それぞれ平成19年4月1日及び平成29年1月1日に施行されている。時系列比較の際には留意を要する。
　　　　3．平成17年度及び18年度については、「婚姻、妊娠・出産等を理由とする不利益取扱い」に関する規定がない。また、当該年度の「その他」には、福利厚生及び定年・退職・解雇に関する相談件数を含む。
　　　　4．相談件数について、平成28年度よりポジティブ・アクションに関する相談を「その他」に含む等、平成27年度以前と28年度以降で算定方法が異なるため、単純比較はできない。

出典：内閣府「男女共同参画白書」令和元年版

【紛争解決の援助制度】
　男女雇用機会均等法、育児・介護休業法およびパートタイム・有期雇用労働法には、個別的労働紛争解決制度として、都道府県労働局長による援助の制度と、機会均等調停会議、両立支援調停会議および均衡待遇調停会議による調停の制度が定められている。

【都道府県労働局長による援助の制度】
　①紛争解決の援助（男女雇用機会均等法17条）
　　「性別を理由とする差別」「婚姻、妊娠、出産等を理由とする不利益取扱い」「職場における性的な言動に起因する問題」「職場における妊娠、出産等に関する言動に起因する問題」「職場における妊娠・出産等に起因する言動に関する雇用管理上の措置」「妊娠中及び出産後の健康管理」を起因とする労働者と事業主間の紛争に関し、当該紛争の当事者の双方又は一方は、都道府県労働

局長に対し、その解決につき援助を求めることができる（1項）。

　　都道府県労働局長は、援助の求めがあったときは、当事者双方の意見を聴取し、問題解決に必要な具体策の提示（助言・指導・勧告）をし、紛争の解決を図る（1項）。

　　事業主は、労働者が上記援助を求めたことを理由として、当該労働者に対して解雇その他不利益な取扱いをしてはならない（2項）。

②紛争解決の援助（育児・介護休業法52条の4）

　　都道府県労働局長は、「職場における育児休業等に起因する言動に関する雇用管理上の措置」「育児休業」「介護休業」「子の看護休暇」「介護休暇」「所定外労働時間の制限」「時間外労働の制限」「深夜業の制限」、「所定労働時間の短縮措置等」「労働者の配置に関する配慮」を起因とする労働者と事業主間の紛争に関し、当該紛争の当事者の双方又は一方からその解決につき援助を求められた場合には、当該紛争の当事者に対し、必要な助言、指導又は勧告をすることができる（1項）。

　　事業主は、労働者が上記援助を求めたことを理由として、当該労働者に対して解雇その他不利益な取扱いをしてはならない（2項）。

③紛争解決の援助（パートタイム・有期雇用労働法24条）

　　都道府県労働局長は、「労働条件の明示義務」「不合理な待遇差の禁止」「通常の労働者と同視すべき短時間・有期雇用労働者に対する差別的取扱いの禁止」「職務内容同一短時間・有期雇用労働者に対する教育訓練実施義務」「短時間・有期雇用労働者に対しても福利厚生施設の利用機会を与える義務」「通常の労働者への転換を推進するための措置義務」「待遇の相違の内容と相違の理由の説明義務」に関する短時間・有期雇用労働者と事業主間の紛争に関し、当該紛争の当事者の双方又は一方からその解決につき援助を求められた場合には、当該紛争の当事者に対し、必要な助言、指導又は勧告をすることができる（1項）。

　　事業主は、短時間・有期雇用労働者が上記援助を求めたことを理由として、当該短時間・有期雇用労働者に対して解雇その他不利益な取扱いをしてはならない（2項）。

【調停の制度】

　都道府県労働局雇用均等室は、個別的労働紛争のうち、男女雇用機会均等法に関連する紛争の調停（機会均等調停会議による調停）、育児・介護休業法に関連する紛争の調停（両立支援調停会議による調停）およびパートタイム・有期雇用労働法に関連する紛争の調停（均衡待遇調停会議）の申請を受けつけ、調停会議による調停を行っている。

　調停会議による調停は、弁護士、大学教授、社会保険労務士などの労働問題の専門家である調停委員が担当して、紛争当事者双方から事情を確認し、紛争当事者間の調整をする。そして、双方が求めた場合は、調停案を提示する。

　紛争当事者双方が調停案を受託するか、合意が成立すれば、調停は終了する。

　他方で、当事者不参加の場合や合意に至らない場合は、調停は打ち切りとなる（他の紛争解決機関の説明・紹介などが行われる）。

①機会均等調停会議による調停（男女雇用機会均等法18条）

　「性別を理由とする差別」「婚姻、妊娠、出産等を理由とする不利益取扱い」「職場における性的な言動に起因する問題」「職場における妊娠、出産等に関する言動に起因する問題」「妊娠中及び出産後の健康管理」を起因とする労働者と事業主との間の紛争（労働者の募集及び採用についての紛争を除く）に関し、当該紛争の当事者（「関係当事者」）は、都道府県労働局に調停（「機会均等調停会議」の調停）の申請ができる（1項）。

　機会均等調停会議の調停の申請をしたことを理由として、当該労働者に対して解雇その他不利益な取扱いをしてはならない（2項）。

②両立支援調停会議による調停（育児・介護休業法52条の5）

　「職場における育児休業等に起因する言動に関する雇用管理上の措置」「育児休業」「介護休業」「子の看護休暇」「介護休暇」「所定外労働時間の制限」「時間外労働の制限」「深夜業の制限」、「所定労働時間の短縮措置等」「労働者の配置に関する配慮」を起因とする労働者と事業主間の紛争に関し、当該紛争の当事者（「関係当事者」）は、都道府県労働局に調停（「両立支援調停会議」の調停）の申請ができる（1項）。

　両立支援調停会議の調停の申請をしたことを理由として、当該労働者に対して解雇その他不利益な取扱いをしてはならない（2項）。

③均衡待遇調停会議による調停（パートタイム・有期雇用労働法25条）

　　「労働条件の明示義務」「不合理な待遇差の禁止」「通常の労働者と同視すべき短時間・有期雇用労働者に対する差別的取扱いの禁止」「職務内容同一短時間・有期雇用労働者に対する教育訓練実施義務」「短時間・有期雇用労働者に対しても福利厚生施設の利用機会を与える義務」「通常の労働者への転換を推進するための措置義務」「待遇の相違の内容と相違の理由の説明義務」に関する短時間・有期雇用労働者と事業主間の紛争について、当該紛争の当事者は、都道府県労働局に調停（「均衡待遇調停会議」の調停）の申請ができる（1項）。均衡待遇調停会議の調停の申請をしたことを理由として、当該労働者に対して解雇その他不利益な取扱いをしてはならない（2項）。

（男女雇用機会均等法、育児・介護休業法、パートタイム労働法の紛争解決援助制度）

	概要	手続きの流れ等	解決・終了
相談受付：都道府県労働局雇用均等室	・パートタイム・有期雇用労働者の雇用管理に関する紛争（パートタイム労働法21条） ・集団労使紛争や他の制度において取り扱われている紛争は対象外	・援助の申立があれば、都道府県労働局長による助言・指導・勧告に移行 ・調停の申請があれば、調停会議による調停に移行	
都道府県労働局長による助言・指導・勧告		・双方から事情確認 ・助言・指導・勧告に沿った解決策の実行により終了	・解決しない場合は、 ➢ 調停に移行 か、 ➢ 他の紛争解決機関の説明・紹介
調停会議による調停 ・機会均等調停会議 ・両立支援調停会議 ・均衡待遇調停会議）		・弁護士、大学教授、社会保険労務士などの労働問題の専門家である調停委員が担当 ・双方から事情確認 ・紛争当事者間の調整 ・双方が求めた場合は、調停案を提示	・双方が調停案を受託するか、合意が成立すれば、終了 ・当事者不参加や合意に至らない場合は、打ち切り ➢ 他の紛争解決機関の説明・紹介

6　非正規雇用労働者の処遇改善、正社員への転換の支援

【非正規雇用労働者の処遇改善、正社員への転換の支援が必要とされる背景】

　後述のとおり、男女別にみると、非正規雇用労働者の割合は女性の方が男性より顕著に高い。また、正規雇用労働者と非正規雇用労働者の処遇格差は、近年社会問題としても指摘されているところである。

　このようななかで、経済分野における女性の参画を推進するためには、非正規雇用労働者の処遇改善に取組むことが必要不可欠といえる。

　また、後述のとおり不本意に非正規雇用労働者として就業している者が一定数いることから、正社員への転換の支援も望まれているところである。

　以上より、女性活躍の観点からも、非正規雇用労働者の処遇改善、正社員への転換の支援が必要とされている。

【非正規雇用労働者とは】

　非正規雇用労働者（非正規労働者）は、いわゆる正規雇用労働者（正社員）ではない、短時間労働者（パート労働者）、有期雇用労働者（契約社員）、派遣労働者（派遣社員）などの総称である。

　アルバイトや嘱託社員（60歳定年後の継続雇用対象社員）も、その多くは短時間労働者や有期雇用労働者であり、非正規雇用労働者である。

　なお、正規雇用労働者（正社員）に関する法令上の明確な定義はないが、一般的に正社員は、無期雇用（期間の定めのない労働契約）かつフルタイム勤務であって、職務の内容および勤務地に限定がなく、事業主の基幹的業務に携わる者であるとされている。

【非正規雇用労働者の割合】

　平成30年における非正規雇用労働者の割合を見ると、女性は56.1%、男性は22.2%であり、いずれも前年に比べてやや上昇している。

　男女別の傾向をみると、男性では、25～34歳、35～44歳、45～54歳の層で非正規雇用労働者の割合が順に低くなった後、55～64歳の層で反転して割合が高くなるのに対し、女性では、15～24歳の層より年齢層が上がるごとに、非正規雇用労働者の割合が高くなっている点が特徴的である。

　この特徴からは、女性の場合、非正規雇用労働者から正規雇用労働者となる

ことが男性より困難であるか、もしくはなんらかの理由で正規雇用労働者となることを望まない女性が多いという現状がうかがわれる。

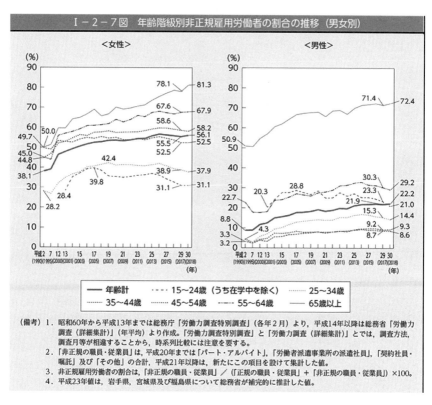

I-2-7図　年齢階級別非正規雇用労働者の割合の推移（男女別）

（備考）1. 昭和60年から平成13年までは総務庁「労働力調査特別調査」（各年2月）より、平成14年以降は総務省「労働力調査（詳細集計）」（年平均）より作成。「労働力調査特別調査」と「労働力調査（詳細集計）」とでは、調査方法、調査月等が相違することから、時系列比較には注意を要する。
　　　　2. 「非正規の職員・従業員」は、平成20年までは「パート・アルバイト」、「労働者派遣事業所の派遣社員」、「契約社員・嘱託」及び「その他」の合計、平成21年以降は、新たにこの項目を設けて集計した値。
　　　　3. 非正規雇用労働者の割合は、「非正規の職員・従業員」／（「正規の職員・従業員」＋「非正規の職員・従業員」）×100。
　　　　4. 平成23年値は、岩手県、宮城県及び福島県について総務省が補完的に推計した値。

出典：内閣府「男女共同参画白書」令和元年版

【女性の年齢階級別就業形態】

　総務省「平成28年労働力調査（基本集計）」により、我が国の女性の年齢階級別就業形態をみると、正規の職員・従業員である女性の割合は、25〜29歳の層で約半数となる一方で、それ以降の年代において割合を下げ続けている。

　正規の職員・従業員である女性の割合が減る一方で、パート・アルバイトである女性の割合は30歳以降の年代において増えており、結婚や出産・育児といったライフイベントを機に正規雇用から非正規雇用の形に就業形態を転換した女性が多いことが推察される。

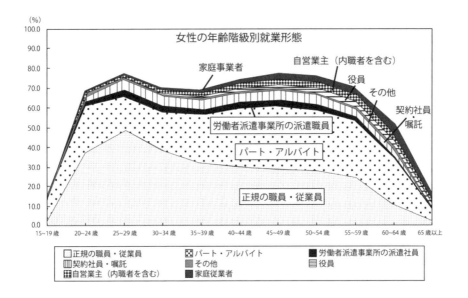

【正規と非正規の処遇差】

　正規雇用労働者は、期間の定めのない労働契約のもとで、長期的に育成され、企業内で職業能力とキャリアを発展させ、処遇もそれに応じて向上し、解雇も原則として行われないのが通常である。

　これに対し、非正規雇用労働者は、正規雇用労働者とは区別されて、長期的なキャリアパスには乗せられず、配置、賃金、賞与、退職金において正規雇用労働者に比して低い取扱いを受け、雇用調整の安全弁として雇止めの対象とされやすかった。

　非正規雇用労働者については、次のような低処遇が問題とされている。

　　①正規雇用労働者に比べ、賃金が低い。

　　②正規雇用労働者に比べ教育訓練の機会に恵まれない。

　　③正規雇用労働者に比べ、各種制度の適用状況が大きく下回る。

　こうした待遇格差は、若い世代の結婚・出産への影響により少子化の一要因となるとともに、ひとり親家庭の貧困の要因となる等、将来にわたり社会全体へ影響を及ぼすに至っている。また、生産年齢人口が減少する中、能力開発機会の乏しい非正規雇用労働者が増加することは、労働生産性向上の障害ともなりかねないといわれる。

【正規と非正規の賃金差】

　一般的にみて、非正規雇用労働者は、正規雇用労働者に比べ、賃金が低く抑えられている。

　すなわち、平成28年の所定内給与額（所定内給与額を所定内実労働時間数で除した額）についてみると、一般労働者（正社員・正職員）が1,950円であるのに対し、短時間労働者（正社員・正職員）：1,410円、一般労働者（正社員・正職員以外）：1,299円、短時間労働者（正社員・正職員以外）：1,060円となっており（厚生労働省「賃金構造基本統計調査」（平成28年））、雇用態様によって賃金額に大きな差異がある。

　また、企業規模1,000人以上の大企業では正社員の賃金と非正規社員（契約社員・パート等）の賃金差が大きいのに対し、企業規模5〜9人の企業では正社員の賃金と非正規社員の賃金差は大きくないという傾向にある。

　すなわち、最も格差の大きい50〜54歳の労働者の所定内給与額の時給についてみると、企業規模1,000人以上の企業の正社員（フルタイム）は3,189円であるのに対し、契約社員等（フルタイム）：1,301円、パート等（短時間労働者）：1,035円と、正社員とそれ以外とで大きな格差がある。これに対し、企業規模5〜9人の企業では、正社員：1,708円に対し、契約社員等：1,391円、パート等：1,129円と、格差は大企業ほどには大きくない（厚生労働省「賃金構造基本統計調査」（平成27年））。

（企業規模別にみる正規と非正規の賃金格差）

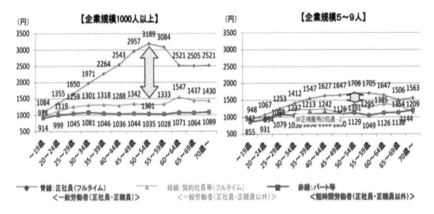

「働き方改革実行計画」（参考資料）より

【非正規の賃金の国際比較】

　国際的にみても、我が国は、フルタイム労働者に対し、パートタイム労働者
の賃金水準が低い。

　諸外国のフルタイム労働者とパートタイム労働者の賃金水準比較によると、
フルタイム労働者に対するパートタイム労働者の賃金水準が、ヨーロッパ諸国
では7～8割程度であるのに対して、日本は6割程度である（働き方改革実行計
画参考資料）。

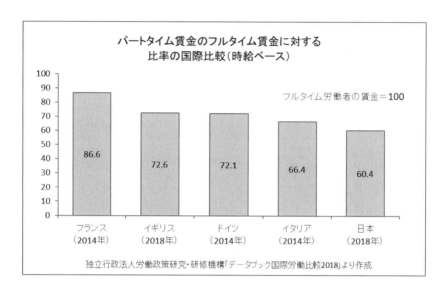

パートタイム賃金のフルタイム賃金に対する
比率の国際比較（時給ベース）

フルタイム労働者の賃金＝100

	フランス（2014年）	イギリス（2018年）	ドイツ（2014年）	イタリア（2014年）	日本（2018年）
	86.6	72.6	72.1	66.4	60.4

独立行政法人労働政策研究・研修機構「データブック国際労働比較2018」より作成

【パートタイム労働者及び正社員に対する各種手当等の実施状況】

　企業が労働者に対し実施する各種手当等については、正社員とパートタイム労働者で支給状況に差がある。

　特に大きな差があるのは「役職手当（正社員：69.7%　パート：7.7%）」及び「退職金（正社員：69.9%　パート：9.2%）」であり、次いで「賞与（正社員：83.7%　パート：34.9%）」、「定期的な昇給（正社員：70.2%　パート：34.0%）」、「慶弔休暇（正社員：79.4%　パート：40.3%）」、その他にも開きがあるものとして「住宅手当（正社員：35.5%　パート：1.3%）」、「精勤手当（正社員：20.4%　パート：5.9%）」、「人間ドッグの補助（正社員：41.4%　パート：18.7%）」等がある。

　その一方で、「通勤手当（正社員：89.9%　パート：76.4%）」や「休憩室の利用（正社員：63.0%　パート：57.7%）」に関しては、正社員とパートタイム労働者で支給状況の差は少ない。

【同一労働同一賃金とは】

　同一労働同一賃金は、同一企業・団体におけるいわゆる正規雇用労働者（無期雇用フルタイム労働者）と非正規雇用労働者（有期雇用労働者、パートタイム労働者、派遣労働者）の間の不合理な待遇差の解消を目指すものである。

　同一労働同一賃金の法整備については、平成30年に公布された働き方改革関連法により、短時間労働者と有期雇用労働者についてはパートタイム労働法と労働契約法が改正され、派遣労働者については労働者派遣法が改正されて、それぞれ省令の改正、指針（ガイドライン）や通達類の整備がすすめられた。

【同一労働同一賃金ガイドライン】
　「同一労働同一賃金ガイドライン」は、正式名を「短時間・有期雇用労働者及び派遣労働者に対する不合理な待遇差の禁止等に関する指針」といい、改正後のパートタイム・有期雇用労働法および労働者派遣法が施行されると、通常の労働者と、短時間・有期雇用労働者、派遣労働者との均等・均衡待遇に関する解釈指針となるものである（したがって、同一労働同一賃金ガイドラインの施行日は、2020年4月1日（中小事業主は2021年4月1日）である）。
　以下のとおり、各賃金の性質に応じたガイドラインを示している。

①基本給
　基本給が、労働者の能力又は経験に応じて支払うもの、業績又は成果に応じて支払うもの、勤続年数に応じて支払うものなど、その趣旨・性格が様々である現実を認めた上で、それぞれの趣旨・性格に照らして、実態に違いがなければ同一の、違いがあれば違いに応じた支給を行わなければならない。
　昇給であって、労働者の勤続による能力の向上に応じて行うものについては、同一の能力の向上については同一の、違いがあれば違いに応じた昇給を行わなければならない。
②賞与
　ボーナス（賞与）であって、会社の業績等への労働者の貢献に応じて支給するものについては、同一の貢献には同一の、違いがあれば違いに応じた支給を行わなければならない。
③各種手当
　役職手当であって、役職に内容に対して支給するものについては、同一の内容の役職には同一の、違いがあれば違いに応じた支給を行わなければならない。
　そのほか、業務の危険度又は作業環境に応じて支給される特殊作業手当、

交代制勤務などに応じて支給される特殊勤務手当、業務の内容が同一の場合の精皆勤手当、正社員の所定労働時間を超えて同一の時間外労働を行った場合に支給される時間外労働手当の割増率、深夜・休日労働を行った場合に支給される深夜・休日労働手当の割増率、通勤手当・出張旅費、労働時間の途中に食事がある場合の食事手当、同一の支給要件を満たす場合の単身赴任手当、特定の地域で働く労働者に対する補償として支給する地域手当等については、同一の支給を行わなければならない。

④福利厚生・教育訓練

　食堂、休憩室、更衣室といった福利厚生施設の利用、転勤の有無等の要件が同一の場合の転勤者用社宅、慶弔休暇、健康診断に伴う勤務免除・有給保障については、同一の利用・付与を行わなければならない。

　病気休職については、無期雇用の短期労働者には正社員と同一の、有期雇用労働者にも労働契約が終了するまでの期間を踏まえて同一の付与を行わなければならない。

　法定外の有給休暇その他の休暇であって、勤続期間に応じて認めているものについては、同一の勤続期間であれば同一の付与を行わなければならない。特に有期労働契約を更新している場合には、当初の契約期間から通算して勤続期間を評価することを要する。

　教育訓練であって、現在の職務に必要な技能・知識を習得するために実施するものについては、同一の職務内容であれば同一の、違いがあれば違いに応じた実施を行わなければならない。

【均衡待遇・均等待遇】

　「均衡待遇」とは、正規と非正規の待遇について、待遇の性質や目的・趣旨にあたる事情に違いがある場合には、その相違に応じた取扱いを認めることである。働き方改革実行計画では、均衡待遇を、

　①業務の内容及び当該業務に伴う責任の程度（＝職務の内容）

　②当該職務の内容及び配置の変更の範囲（＝人材活用の仕組み、運用等）

　③その他の事情

　を考慮して、不合理な待遇差を禁止すること（改正後パートタイム・有期雇用労働法8条）としている。

　「均等待遇」とは、正規と非正規の待遇について、待遇の性質や目的・趣旨にあたる事情が同一である場合には、同一の取扱いを求めることである。働き方改革実行計画では、均等待遇を、

　①職務の内容

　②当該職務の内容及び配置の変更の範囲

　が同じ場合は、差別的取扱いを禁止すること（改正後パートタイム・有期雇用労働法9条）としている。

【不本意に非正規の雇用形態に就いている者の人数及び割合】

　非正規雇用労働者のうち、現職の雇用形態に就いている主な理由が「正規の職員・従業員の仕事がないから」として不本意に非正規の雇用形態に就いている者の人数（年齢計）は、平成30年には、女性129万人、男性127万人で、男女ともに前年（女性139万人、男性134万人）より減少したが、女性の方がやや多い点は前年同様である。

　不本意に非正規の雇用形態に就いている者の割合を男女別、年齢階級別に見ると、女性は、15〜24歳の若年層（うち卒業）で最も高くなっており、男性は45〜54歳で最も高くなっている。また、すべての年齢階級において、男性が女性より高い割合を示しており、女性より、男性の方が正社員を希望している者の割合が高いことがうかがわれる。

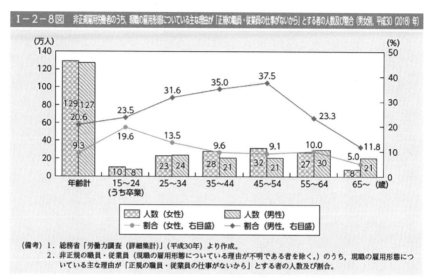

I-2-8図　非正規雇用労働者のうち、現職の雇用形態についている主な理由が「正規の職員・従業員の仕事がないから」とする者の人数及び割合（男女別、平成30 (2018) 年）

（備考） 1. 総務省「労働力調査（詳細集計）」（平成30年）より作成。
　　　　 2. 非正規の職員・従業員（現職の雇用形態についている理由が不明である者を除く。）のうち、現職の雇用形態についている主な理由が「正規の職員・従業員の仕事がないから」とする者の人数及び割合。

出典：内閣府「男女共同参画白書」令和元年版

【キャリアアップ助成金】

　厚生労働省は、有期契約労働者、短時間労働者、派遣労働者といったいわゆる非正規雇用の労働者（以下、「有期契約労働者等」という。）の企業内でのキャリアアップを促進するため、これらの取組を実施した事業主に対して助成を行っている。

　キャリアアップ助成金は以下の7つのコースに分けられている。

　①正社員化コース

　　有期契約労働者等の正規雇用労働者・多様な正社員等への転換等を助成する

　②賃金規定等改定コース

　　有期契約労働者等の賃金規定等を改定した場合に助成する

　③健康診断制度コース

　　有期契約労働者等に対し、労働安全衛生法上義務づけられている健康診断以外の一定の健康診断制度を新たに規定し、適用した場合に助成する

　④賃金規定等共通化コース

　　有期契約労働者等に関して、正規雇用労働者と共通の職務等に応じた賃金規定等を新たに設け、適用した場合に助成する

　⑤諸手当制度共通化コース

　有期契約労働者等に関して、正規雇用労働者と共通の諸手当に関する制度を新たに設け、適用した場合に助成する

⑥選択的適用拡大導入時処遇改善コース

　労使合意に基づき社会保険の適用拡大の措置を講じ、新たに被保険者とした有期契約労働者等の基本給を増額した場合に助成する

⑦短時間労働者労働時間延長コース

　短時間労働者の週所定労働時間を5時間以上延長し、当該労働者が新たに社会保険適用となった場合に助成する

※短時間労働者の週所定労働時間を1時間以上5時間未満延長し、当該労働者が新たに社会保険適用となった場合も、労働者の手取り収入が減少しないように②または⑥と併せて実施することで一定額を助成

【無期転換ルール】

　「無期転換ルール」は、有期労働契約が反復更新されて通算5年を超えたときは、労働者の申込みにより、期間の定めのない労働契約（無期労働契約）に転換できるルールである（労働契約法18条）。

　無期転換ルールは、有期労働契約の濫用的な利用を抑制し、労働者の雇用の安定を図ることを目的として、平成24年の労働契約法改正により追加され、平成25年4月1日から施行された。

　有期契約労働者が期間の定めのない労働契約の締結の申込み（無期転換申込権の行使）をした場合は、使用者が申し込みを承諾したものとみなされ（労働契約法18条1項）、無期労働契約が成立する。

【無期転換申込権】

　無期転換申込権は、同一の使用者との間で締結された2つ以上の有期労働契約の通算契約期間が5年を超える場合に発生する（労働契約法18条1項）。

　例えば、契約期間が1年の場合は、5回目の更新後の1年間に無期転換申込権が発生し、6回目の有期契約の初日から満期日まで、無期転換の申込みができる。

　契約期間が3年の場合は、1回目の更新をすれば通算契約期間は6年になるため、2回目の有期契約の初日から無期転換申込権が発生し、契約満了日までの3年間は無期転換の申込みができることになる。

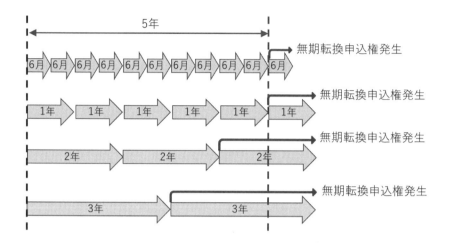

【厚生労働省の取組み】

　厚生労働省では、無期転換ルールの概要や導入手順をまとめたハンドブック、モデル就業規則、導入した企業事例や各種支援策等をまとめたポータルサイトを活用した周知のほか、無期転換ルール導入のためのコンサルティング支援や全国47都道府県でのセミナー開催、緊急相談ダイヤルの開設など、あらゆる機会を活用して周知・啓発及び導入支援を行っている。

7　再就職、起業、自営業等の支援

【再就職、起業、自営業等の支援が求められる背景】

　前述のとおり我が国は、M字カーブ問題等、ライフイベントを理由とした女性の離職がみられるため、一度離職した女性等を対象とする再就職支援は経済分野における女性の参画推進に必要不可欠といえる。

　また、前述【女性の年齢階級別就業形態】にみられるとおり、自営業の女性は女性全体からみると極少数に留まっており、多様な働き方による女性活躍という観点からは、既存の自営業者の支援に加え、起業に対する支援も求められているといえる。

【再就職に向けた支援】

　厚生労働省では、子育て中の女性等に対して再就職支援を行うマザーズハローワーク及びマザーズコーナーにおいて、担当者制による職業相談・職業紹介や、仕事と子育てが両立しやすい求人の確保、地方公共団体等との連携による保育所情報等の提供、再就職に資する各種セミナー等を実施している。

　マザーズハローワーク及びマザーズコーナーは、近年設置数の増加を続けており、令和元年12月時点においては全国202か所に展開し、全国の求職者のアクセスを容易にしている。

　　　　　　出典：https://www.mhlw.go.jp/kyujin/dl/mother_pamphlet.pdf

【起業に向けた支援】

　経済産業省では、株式会社日本政策金融公庫を通じ、女性等を対象とする低利融資制度（女性、若者／シニア起業家支援資金）を実施し、起業における経済的な障害を取り除くよう支援を行っている。

　また、全国の都道府県商工会連合会や商工会議所等において、創業に向けての具体的なアクションを起こそうとしている人を対象に、創業するための心構え、ビジネスプラン作成のポイント、税務、法務、会計など創業に必要な実践的な知識を取得する創業塾（30時間程度）を開催するとともに、女性のニーズを踏まえたカリキュラムを用意した「女性向け創業塾」も開催されている。

　ほか、平成28（2016）年から整備している全国10箇所に形成した地域の金融機関や産業・創業支援機関等を中心とした女性起業家等支援ネットワークを通じて、女性起業家支援コンテストによる支援事例の発信等のイベント等も行われている。

　厚生労働省においては、「子育て女性起業支援助成金」制度を設け、子育て期にある女性の起業の支援を実施している。

【女性起業家等実態調査】

　平成27年度「女性起業家等実態調査」によると、近年、女性の起業の特徴とされてきた「趣味や特技を生かしたかった」という理由が減少し、よりビジネス志向の起業希望者が増加したことがうかがえる。

　すなわち、平成21年と比較し、平成26年の調査では「収入を増やしたかっ

た」「事業経営という仕事に興味があった」と回答した女性が約2倍に増加している。

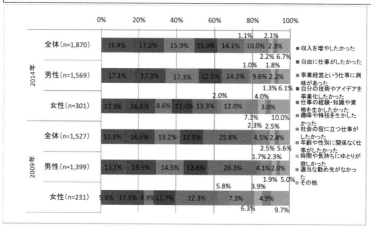

図表 2-4　開業動機

※2014年のデータは「最も重要な動機」の比率

図表 2-5　男女別・年度別　開業動機の上位3項目

		1	2	3
男性	2009年 (n=1,321)	仕事の経験・知識や資格を生かしたかった (26.3%)	自由に仕事がしたかった (16.5%)	事業経営という仕事に興味があった (14.5%)
	2014年 (n=1,569)	自由に仕事がしたかった (17.3%)	事業経営という仕事に興味があった (17.3%)	収入を増やしたかった (17.1%)
女性	2009年 (n=206)	仕事の経験・知識や資格を生かしたかった (22.3%)	自由に仕事がしたかった (17.5%)	自分の技術やアイデアを事業化したかった (11.7%)
	2014年 (n=301)	自由に仕事がしたかった (16.6%)	仕事の経験・知識や資格を生かしたかった (13.3%)	収入を増やしたかった (12.3%)

※女性の2014年の3位の「収入を増やしたかった」は、2009年では7位 (5.8%)

出典：平成27年度産業経済研究委託事業（女性起業家等実態調査）

【自営業の支援】

　厚生労働省では、自営業者の一形態である家内労働者の労働条件の向上と生活の安定を図るため、委託者及び家内労働者等に対し、家内労働手帳の交付の徹底、工賃支払いの確保、最低工賃の決定・周知、安全衛生の確保等の対策を推進している。

　なお家内労働者とは、通常、自宅を作業場として、メーカーや問屋などの委託者から、部品や原材料の提供を受けて、一人または同居の親族とともに、物品の製造や加工などを行い、その労働に対して工賃を受け取る者をいう。

8　結婚、妊娠および出産と就業の継続

【結婚、妊娠および出産と就業の継続】
　上記述べてきたとおり、経済分野における女性の参画推進の観点からは、女性のライフイベントにかかわらない就業継続のための制度・環境の整備は急務といえる。
　そこで、就業継続を支援する国の法制度と共に、就業継続の現状、離職理由や再就職の障害等について以下で詳述する。

【婚姻・妊娠・出産等を理由とする不利益取扱いの禁止】
　男女雇用機会均等法 9 条は、女性労働者に対する婚姻・妊娠・出産等を理由とする不利益取扱いの禁止として、次の不利益取扱いを禁止している。
　1 項　婚姻・妊娠・出産を退職理由として予定する定め
　※「予定する定め」は、労働協約、就業規則または労働契約に定めることや、労働者が念書を提出する場合、婚姻・妊娠・出産した場合の退職慣行を事実上退職制度として運用している場合が含まれる。
　2 項　婚姻したことを理由とする解雇
　3 項　妊娠・出産等を理由とする解雇その他不利益な取扱い（後述）

【労働基準法における母体保護規定】
　労働基準法には、母性保護に関する下記の各種規定が置かれている。
　①妊娠中の女性等の坑内業務の就業制限（64 条の 2）
　②妊産婦の母性機能に有害な業務への就業制限（64 条の 3）
　③産前産後休業（65 条 1 項・2 項）
　④妊娠中の軽易業務への転換（65 条 3 項）
　⑤妊産婦の労働時間、休日労働等の制限（66 条）
　⑥1 歳未満の生児を育てる女性の育児時間（67 条）
　⑦生理休暇（68 条）
　上記規定に対する罰則は下記のとおりである。

①に違反した者は、1年以下の懲役または50万円以下の罰金に処されられる（118条）。

②〜⑥に違反した者は、6か月以下の懲役または30万円以下の罰金に処せられる（119条）。

⑦に違反した者は、30万円以下の罰金に処せられる（120条）。

【労働基準法における母体保護規定の内容】

①母性機能に有害な業務への就業制限

　使用者は、妊産婦（妊娠中の女性および産後1年を経過しない女性）を、重量物を取り扱う業務、有害ガスを発散する場所における業務その他妊産婦の妊娠・出産・保育などに有害な業務に就かせてはならない（労働基準法64条の3第1項）。

　これらの就業禁止業務のうち、女性の妊娠・出産機能に有害な業務については、妊産婦以外の女性にも準用される（同条2項）。

　有害業務の範囲及び就業禁止を準用される者の範囲は、厚生労働省（女性労働基準規則2条）で定められている。

　労働基準法64条の3に違反した者は、6か月以下の懲役または30万円以下の罰金に処せられる（同法119条）。

②産前産後休業

　ア．産前休業

　使用者は6週間（多胎妊娠の場合は14週間）以内に出産する予定の女性が休業を請求した場合には、その者を就業させてはならない（産前休業・労働基準法65条1項）。

　産前休業は、出産予定日の6週間前（多胎妊娠の場合は14週間）から、請求すれば取得でき、出産日は産前休業に含まれる。

　出産が予定より早ければそれだけ産前休業は短縮され、予定日より遅ればその遅れた期間も産前休業として取り扱われる。

　イ．産後休業

　使用者は、産後8週間を経過しない女性を就業させてはならない。ただし、産後6週間を経過した女性が請求した場合において、その者について

医師が支障ないと認めた業務に就かせることはさしつかえない（産後休業・同条2項）。

　産後休業は、実際の出産日の翌日から始まり、6週間経過までは強制休業である。

　産後休業の「出産」とは、妊娠4か月以上の分娩をいい、「死産」や「流産」も含まれる。

ウ．罰則

　労働基準法65条に違反した者は、6か月以下の懲役または30万円以下の罰金に処せられる（同法119条）。

（産前産後休業と育児休業の概念図）

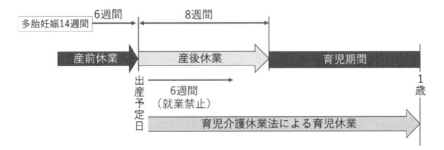

エ．産前産後休業と解雇の禁止

　産前産後休業の期間およびその後の30日間は、使用者は当該女性労働者を解雇してはならない（労働基準法19条1項）。

　違反者は、6か月以下の懲役または30万円以下の罰金に処せられる（同法119条）。

オ．出産手当金の額

　1日あたり〔支給開始日以前の継続した12か月間の各月の標準報酬月額を平均した額〕÷30日×2/3

③妊娠中の軽易業務への転換

　使用者は、妊娠中の女性が請求した場合には、他の軽易な業務に転換させ

なければならない（労働基準法65条3項）。

　軽易業務の種類などについては特に規定はなく、原則として女性が請求した業務に転換させる趣旨であるとされている。

　また、業務内容の転換だけでなく、労働時間帯の変更も含むと解されている。

　労働基準法65条に違反した者は、6か月以下の懲役または30万円以下の罰金に処せられる（同法119条）。

④母性保護・育児のための時間外労働等の制限

　労働基準法には母性保護のための妊産婦の時間外労働等の制限の定めがある。なお、育児・介護休業法には、育児・介護のための時間外労働等の制限の定めがある。

　　ア．妊産婦の労働時間、休日労働等の制限（労働基準法66条）

　　妊産婦が請求した場合は、時間外・休日労働、深夜業をさせてはならない（同条2項・3項）。変形労働時間制を採用していても、法定労働時間を超えて労働させてはならない（同条1項）。

　　労働基準法66条に違反した者は、6か月以下の懲役または30万円以下の罰金に処せられる（同法119条）。

　　また、変形労働時間制を採用していても、育児を行う者、老人の介護を行う者、職業訓練または教育を受ける者その他特別な配慮を要する者については、これらの者が育児等に必要な時間を確保できるような配慮をしなければならない（労働基準法施行規則12条の6）とされている。

　　イ．育児・介護休業法による時間外労働の制限（育児・介護休業法17条・18条）

　　小学校就学前の子を養育する労働者および要介護状態にある家族を介護する労働者が請求したときは、使用者は、事業の正常な運営を妨げる場合を除き、1月24時間、1年150時間をこえて労働時間を延長してはならない。

　　ウ．育児・介護休業法による深夜業の規制（育児・介護休業法19条・20条）

　　小学校就学前の子を養育する労働者が請求したときは、使用者は、事業

の正常な運営を妨げる場合を除き、1回の請求につき、1か月以上6か月以内の期間で、深夜（午後10時から午前5時まで）に労働させてはならない。

⑤育児時間

使用者は、1歳未満の生児を育てる女性が請求したときは、法定の休憩時間のほか、1日2回それぞれ少なくとも30分の育児時間を与えなければならない（労働基準法67条）。

育児時間中は、労働協約や就業規則で有給と規定されないかぎりは無給である。

労働基準法67条に違反した者は、6か月以下の懲役または30万円以下の罰金に処せられる（同法119条）。

【男女雇用機会均等法における母体健康管理措置】

男女雇用機会均等法は、母性保護のため、以下の規定を置いている。

①保健指導・健康診査を受けるための時間の確保（12条）

事業主は、女性労働者が妊産婦のための保健指導または健康診査を受診するために必要な時間を確保することができるようにしなければならない。

【参考知識：健康診査等を受診するために確保しなければならない回数】

［妊娠中］

・妊娠23週までは4週間に1回

・妊娠24週から35週までは2週間に1回

・妊娠36週以後出産までは1週間に1回

［産後（出産後1年以内）］

・医師等の指示に従って必要な時間を確保する

②指導事項を守ることができるようにするための措置（13条）

妊娠中及び出産後の女性労働者が、健康診査等を受け、医師等から指導を受けた場合は、その女性労働者が受けた指導を守ることができるようにするために、事業主は、勤務時間の変更、勤務の軽減等必要な措置を講じなければならない。

［参考知識：指導事項を守ることができるようにするための措置］

・妊娠中の通勤緩和（時差通勤、勤務時間の短縮等の措置）

・妊娠中の休憩に関する措置（休憩時間の延長、休憩回数の増加等の措置）

・妊娠中または出産後の症状等に対応する措置（作業の制限、休業等の措置）

③妊娠・出産等を理由とする不利益取扱いの禁止（9条）

　事業主は、女性労働者が妊娠・出産・産前産後休業の取得、妊娠中の時差通勤など男女雇用機会均等法による母性健康管理措置や深夜業免除など労働基準法による母性保護措置を受けたことなどを理由として、解雇その他不利益取扱いをしてはならない。

　不利益な取扱いの例としては、以下のようなものがある（ただし、以下は例示であり、これらに該当しない行為でも不利益取扱いに該当するケースはあり得る）。

・解雇

・雇止め（有期雇用労働者の契約の更新をしないこと）

・契約更新回数の引き下げ

・退職や正社員を非正規社員とするような契約内容変更の強要

・降格

・減給

・賞与等における不利益な算定

　　※賞与等には賃金・退職金も含む。不就労期間や労働能率の低下を考慮の対象とする場合において、同じ期間休業した疾病等や同程度労働能率が低下した疾病等と比較して、妊娠・出産等による休業や妊娠・出産等による労働能率の低下について不利に取り扱うことも不利益にあたる。

・不利益な配置変更

　　※通常の人事異動のルールから十分に説明できる職務又は就業の場所の変更については、不利益にあたらない。しかし、妊娠・出産等に伴いその従事する職務において業務遂行が困難であり配置変更の必要がある場合でも、当該労働者を従事させることができる適当な他の職務があるにもかかわらず、特別な理由もなく、当該職務と比較して、賃金その他の労働条件、通勤事情等が劣ることとなる配置の変更を行うことは、不利益にあたる。産前産後休業等からの復帰にあたって、原職又は原職相当職に就けないことも不利益にあたる可能性がある。

- ・不利益な自宅待機命令
- ・昇進・昇格の人事考課で不利益な評価を行う
  ※不就労期間や労働能率の低下を考慮の対象とする場合において、同じ期間休業した疾病等や同程度労働能率が低下した疾病等と比較して、妊娠・出産等による休業や妊娠・出産等による労働能率の低下について不利に取り扱うことも不利益にあたる。
- ・労働者の希望する期間を超えて所定外労働の制限・時間外労働の制限をするなど仕事をさせない、もっぱら雑務をさせるなど就業環境を害する行為をする
- ・派遣先が当該派遣労働者に係る労働者派遣の役務の提供を拒むこと
  ※派遣契約に定められた役務の提供ができると認められるにもかかわらず、派遣先が派遣元に対し、派遣労働者の交替を求めたり、派遣労働者の派遣を拒むことなどが該当する。

　上記不利益取り扱いは、民事上無効と解される（男女雇用機会均等法9条3項に関する最判 H.26.10.23、男女雇用機会均等法施行通達・育児・介護休業法施行通達）。また。慰謝料請求が認められる場合もある。

【結婚・出産を機に仕事を辞めたことがある者の割合】
　上述のとおり、国は結婚や出産等のライフイベントによる離職を防止するための法制度を整えてはいるが、平成26年の再就職調査によると、正社員及びフルタイムの非正社員は、「出産を機に仕事を辞めたことがある」人がそれぞれ53.3%、67.8%であり、「結婚を機に仕事を辞めたことがある」人が 50.8%、48.8%で約半数となっており、現実には多くの女性が結婚や出産を機に離職を行っている。

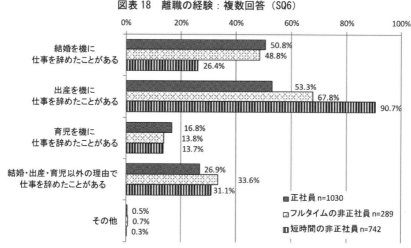

図表18　離職の経験：複数回答（SQ6）

出典：平成26年度厚生労働省委託事業・三菱UFJリサーチ＆コンサルティング「出産・育児等を機に
　　　離職した女性の再就職調査」

【出産・育児を機に離職した理由】

　平成26年の再就職調査によると、出産・育児等を機に離職した理由は、正社員、非正社員とも「家事・育児に専念するため、自発的にやめた」の割合が最も高い。次いで、「勤務時間が長い（残業など）・不規則など、時間的に両立が難しかった」、「配偶者・パートナーの勤務地の問題や転勤で、仕事を続けるのが難しかった」が続いている。

　就業形態別にみると、短時間の非正社員は他と比較して、「家事・育児に専念するため、自発的にやめた」（56.9%）の割合が高く、正社員は「配偶者・パートナーの勤務地の問題や転勤で、仕事を続けるのが難しかった」（20.5%）がやや高くなっている。

図表 26　出産・育児等を機に離職した理由：複数回答（Q16）

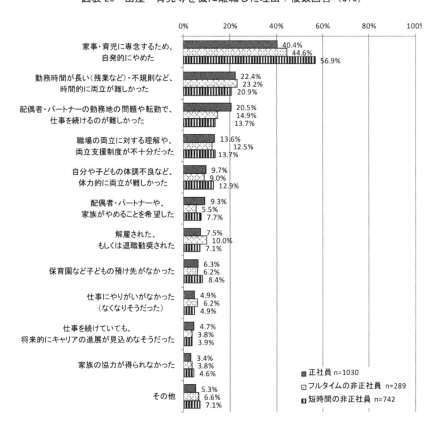

出典：平成 26 年度厚生労働省委託事業・三菱 UFJ リサーチ＆コンサルティング「出産・育児等を機に
　　　離職した女性の再就職調査」

【離職した当時の再就職についての意向】

　平成 26 年の再就職調査より、離職した当時の再就職についての意向をみると、
正社員、非正社員とも大多数の人が、離職時に再就職の意向を有しており「再
び就業するつもりはなかった」との回答は 5 ％前後と極めて低い割合にとど
まっている。

　就業形態別にみると、短時間の非正社員、フルタイムの非正社員、正社員の
順に再就職の意向が強くなる傾向にあり、正社員は他と比較して、「（仕事を辞
めた後、）すぐにでも就業したいと思っていた」（36.6％）の割合が高い。一方、

短時間の非正社員は、「子ども（末子）がある程度の年齢になったら就業したい
と思っていた」（29.6%）や、「特に時期を決めていないが、いずれ就業したい
と思っていた」（50.3%）の割合が高い。

図表27　離職した当時の再就職についての意向：単数回答（Q17）

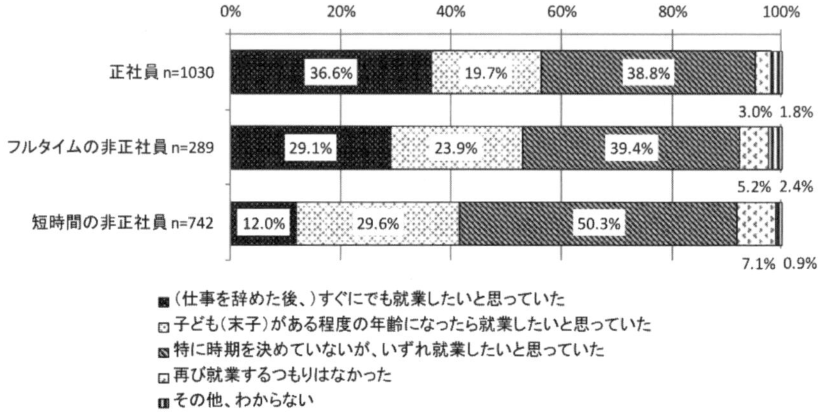

出典：平成26年度厚生労働省委託事業・三菱UFJリサーチ＆コンサルティング「出産・育児等を機に
　　　離職した女性の再就職調査」

【再就職にあたっての障害】
　平成26年の再就職調査より、出産・育児を機に退職後、再就職前に不安があっ
た人について、具体的に不安の内容をきいたところ、正社員、フルタイムの非
正社員ともに「子育てと両立できるか」という回答の割合が最も多く、各82.3%、
78.7%と、子育てとの両立ができるかについての不安が再就職の障害となって
いることがうかがわれる。
　また、「子育てと両立できるか」について、実際に働いてみると心配なかった
と回答した者は正社員36.6%、フルタイムの非正社員38.5%であり、不安を感
じていた者との差である各45.7%、40.2%にのぼる者が、再就職後、子育てと
の両立に困難を感じていることがうかがわれる。
　一方で、短時間の非正社員では、再就職前の不安の内容を「子育てと両立で
きるか」と回答した者が正社員と同程度の82.1%であったが、実際に働いてみ
ると心配なかったと回答した者は43.9%であり、再就職後、子育てとの両立に
困難を感じている者が正社員の場合よりも少ない結果となった。

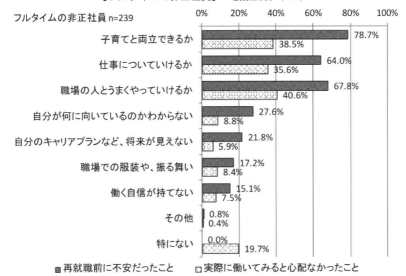

図表 54　再就職前に不安だったことと、実際に働いてみると心配なかったこと
【フルタイムの非正社員】：複数回答（Q35）

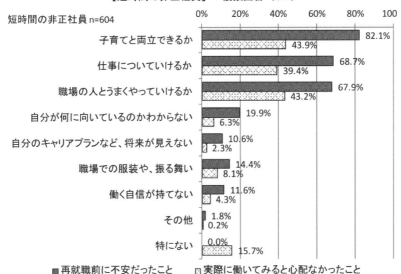

図表 55　再就職前に不安だったことと、実際に働いてみると心配なかったこと
【短時間の非正社員】：複数回答（Q35）

出典：平成26年度厚生労働省委託事業・三菱UFJリサーチ&コンサルティング「出産・育児等を機に離職した女性の再就職調査」

【子育て中の女性活躍に関する調査】

　経済産業省委託事業による調査によると、各企業への「子育て中の女性が活躍できるような取り組みを進めていますか」という質問に対しては、「特に取り組みは進めていない」が26.7%であるのに対し、それ以外の73.3%は何らかの取り組みを行っていることが明らかになった。

　取り組みの中では、「勤務時間の柔軟化」（43.2%）が最も高く、次いで「女性管理職比率の目標策定」（24.8%）が高い結果となり、仕事と子育ての両立を支援するとともに、子育て女性のキャリアアップにも注力していることがみてとれる。

【各種助成金】

　厚生労働省は、女性の活躍できる「職場環境づくり」のために、以下の助成を行っている。

　①両立支援等助成金（再雇用者評価処遇コース）

　　妊娠、出産、育児または介護を理由として退職した者が、就業が可能になったときに復職でき、適切に評価され、配置・処遇される再雇用制度を導入し、希望する者を採用した事業主を助成

　②両立支援等助成金（女性活躍加速化コース）

　　女性活躍推進法に基づき、自社の女性の活躍に関する「数値目標」、数値目標の達成に向けた「取組目標」を盛り込んだ「行動計画」を策定して、目標を達成した事業主を助成

　③トライアル雇用助成金（一般トライアルコース）

　　妊娠、出産・育児を理由に離職し、紹介日の前日時点で、安定した職業に就いていない期間が1年を超えている者や、母子家庭の母等や父子家庭の父等特別な配慮を要する者をトライアル雇用した事業主を助成

課題4　政治・経済などへの女性の参画

1　政治分野における女性の参画拡大

【政治分野における女性の参画拡大が求められる背景】

　我が国のジェンダー・ギャップ指数は極めて低い水準で推移しており、調査対象となった国のうち、平成31年は前年より更に順位を落とす結果となる等、女性活躍の推進がより一層求められている。

　そして、我が国のジェンダー・ギャップ指数が低位に留まる主な理由は政治・経済分野における女性の参画が諸外国と比較して低い水準であることに鑑みると、政治分野における女性の参画拡大は急務であるといえる。

【衆議院議員総選挙における候補者、当選者に占める女性の割合】

　衆議院議員総選挙における候補者及び当選者に占める女性の割合の推移を見ると、昭和61年以降上昇傾向にある。平成29年10月執行の総選挙では、候補者に占める女性の割合は過去最高となり、当選者に占める女性の割合は、平成21年8月執行の総選挙に次いで過去2番目に高い割合となった。

　このように衆議院総選挙における女性の参画拡大は続いているものの、衆議院議員に占める女性の割合は平成31年1月時点で10.2%（47人）であり、国際比較すると193か国165位（平成31年1月時点）と極めて低位にとどまっているため、更なる参画拡大が望まれている。

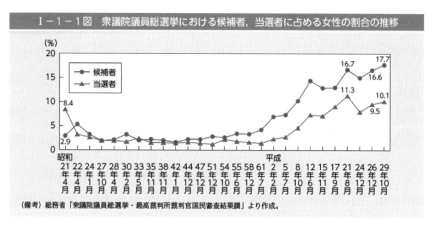

出典：内閣府「男女共同参画白書」令和元年版

【参議院議員通常選挙における候補者、当選者に占める女性の割合】

　また、参議院議員通常選挙においても、候補者及び当選者に占める女性の割合は、昭和50年代後半以降上昇傾向にある。

　平成28年7月執行の通常選挙では、候補者に占める女性の割合は平成13年7月執行の通常選挙に次いで過去2番目に高く、当選者に占める女性の割合は過去最高となった。

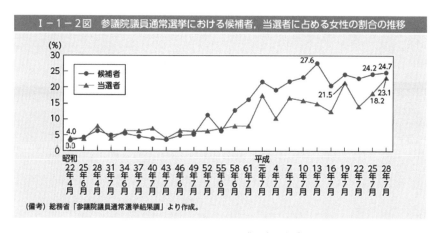

出典：内閣府「男女共同参画白書」令和元年版

【男女共同参画の推進に関する法律】

　政治分野における女性の参画拡大を企図し、平成30年5月16日に議員立法により、政治分野における男女共同参画の推進に関する法律が成立し、同月23日に公布・施行された。

　同法は、政治分野における男女共同参画の推進が、衆議院、参議院及び地方議会の議員の選挙において、男女の候補者の数ができる限り均等となることを目指して行われるものとすることなどを基本原則とし、政党は基本原則にのっとり、公職の候補者の数について目標を定める等、自主的に取り組むよう努めるものとされている。

　また、国及び地方公共団体の責務が定められ、具体的な施策として、政治分野における女性参画の実態の調査及び情報の収集等、啓発活動、環境整備及び人材育成等が掲げられている。

【内閣府における取組み】

　内閣府は、平成30年度に政治分野における女性の参画拡大の重要性について積極的に啓発するべく、男女共同参画の推進に関する法律の意義や概要、我が国の政治分野への女性の参画状況等をまとめたリーフレットを作成・配布するとともに、新たに政治分野における男女共同参画の推進についてまとめたWEBページを男女共同参画局ホームページ内に設けることで情報発信を行っている。

　また、市町村議会議員に占める女性の割合等を地図上で分かりやすく「見える化」した「市町村女性参画状況見える化マップ」の項目を拡充した。

　ほか、「女性の政策・方針決定参画状況調べ」の中で、各政党や地方議会における男女共同参画の状況について毎年調査し、公表するとともに、平成30年度は新たに保育施設等の整備状況についても調査し、公表した。

　加えて、列国議会同盟（Inter-ParliamentaryUnion）の各国の国会議員に占める女性の割合等の報告 "Women in Parliament" の和訳である「議会における女性」を毎年作成するなど、政治分野における女性の参画状況に関する情報提供を行っている。

　さらに、各政党に対し、衆議院議員選挙、参議院議員選挙及び地方公共団体の議会の選挙における女性候補者の割合等が高まるよう、女性候補者等における数値目標の設定や人材育成等の取組を含めた行動計画の策定・情報開示等に

向けた自主的な取組の実施、ポジティブ・アクションの自主的な導入に向けた
検討、両立支援体制の整備等を始めとした女性議員が活躍しやすい環境の整備
等についての要請を行っている。

　上記のとおり内閣府は、女性参画に関する各種調査を行うとともに、その情
報の発信や啓蒙活動を行うことで政治分野における女性参画を推進している。

2　司法分野における女性の参画拡大

【司法分野における女性の割合】

　裁判官、検察官（検事）、弁護士に占める女性の割合は、いずれも着実に増加
しており、裁判官が 21.7%（平成 29 年 12 月現在）、検察官（検事）が 24.6%
（平成 30 年 3 月末現在）、弁護士が 18.7%（平成 30 年 9 月末時点）となって
いる。なお、平成 29 年 12 月時点で、女性 2 人が最高裁判所の裁判官（全 15
人）に任命されている。

　司法試験合格者に占める女性の割合は、平成 4 年以降はおおむね 2〜3 割で推
移しており、平成 30 年は 24.6% であった。なお、法曹養成に特化した教育を行
う専門職大学院である法科大学院では、平成 30 年時点で女子学生が 31.3% と 3
割以上を占めていることから、今後の司法分野での女性の更なる参画拡大が期
待されている。

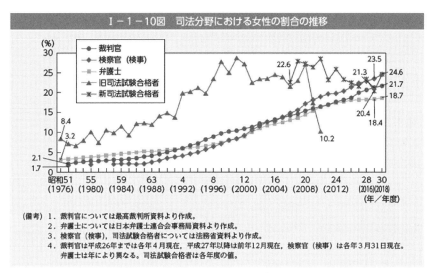

Ⅰ－１－10図　司法分野における女性の割合の推移

(備考) 　1.　裁判官については最高裁判所資料より作成。
　　　　　2.　弁護士については日本弁護士連合会事務局資料より作成。
　　　　　3.　検察官（検事），司法試験合格者については法務省資料より作成。
　　　　　4.　裁判官は平成26年までは各年4月現在，平成27年以降は前年12月現在，検察官（検事）は各年3月31日現在。
　　　　　　　弁護士は年により異なる。司法試験合格者は各年度の値。

出典：内閣府「男女共同参画白書」令和元年版

【検察官における女性の参画拡大への取組み】

　検察官の職務は全国転勤を伴うところ、法務省では検察官の継続就業のため人事異動において、転勤先の保育所の確保が必要な場合に、可能な限り早期に本人の意向を確認するなど検察官にとって働きやすい職場環境の整備に取り組んでいる。

　内閣府においては、「女性の政策・方針決定参画状況調べ」の中で、検察官における女性の参画状況について毎年調査し、公表を行っている。

【裁判官における女性の参画拡大への取組み】

　最高裁判所では、男女にかかわらず裁判官としてふさわしい資質・能力を備えた者を採用しており、裁判官に占める女性割合は着実に増加している。

　内閣府では、「女性の政策・方針決定参画状況調べ」の中で、裁判官における女性の参画状況について毎年調査し、公表を行っている。

3　行政分野における女性の参画拡大

【国家公務員採用者に占める女性の割合】

　国家公務員においては、女性の採用を積極的に進めた結果、平成31年4月1日時点での国家公務員採用試験からの採用者に占める女性の割合は35.4%、総合職試験からの採用者に占める女性の割合は34.5%となり、第4次男女共同参画基本計画に定める目標（毎年度30%以上）を達成している。

　特に、平成27年においては総合職等における女性の占める割合が飛躍的に向上し、以後も30%を越す高い水準を保っている。

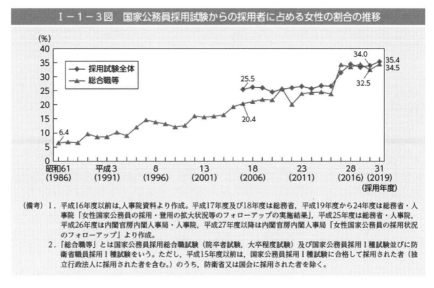

Ⅰ−1−3図　国家公務員採用試験からの採用者に占める女性の割合の推移

（備考）　1.　平成16年度以前は、人事院資料より作成。平成17年度及び18年度は総務省、平成19年度から24年度は総務省・人事院「女性国家公務員の採用・登用の拡大状況等のフォローアップの実施結果」、平成25年度は総務省・人事院、平成26年度は内閣官房内閣人事局・人事院、平成27年度以降は内閣官房内閣人事局「女性国家公務員の採用状況のフォローアップ」より作成。
　　　　　2.　「総合職等」とは国家公務員採用総合職試験（院卒者試験、大卒程度試験）及び国家公務員採用Ⅰ種試験並びに防衛省職員採用Ⅰ種試験をいう。ただし、平成15年度以前は、国家公務員採用Ⅰ種試験に合格して採用された者（独立行政法人に採用された者を含む。）のうち、防衛省又は国会に採用された者を除く。

出典：内閣府「男女共同参画白書」令和元年版

【女性国家公務員の登用状況】

　国家公務員の女性の割合を役職段階別に見ると、平成30年は、係長相当職（本省）25.0%、地方機関課長・本省課長補佐相当職10.8%、本省課室長相当職4.9%及び指定職相当3.9%となっており、いずれの役職においても女性の割合は近年上昇を続けている。

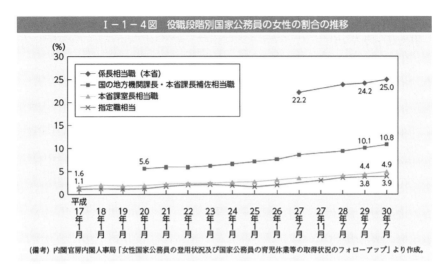

【国家公務員の採用・登用に関する取組み】

　内閣官房内閣人事局及び各府省は、内閣官房内閣人事局長と全府省の事務次官級で構成する「女性職員活躍・ワークライフバランス推進協議会」において平成26年10月に策定された「国家公務員の女性活躍とワークライフバランス推進のための取組指針」に基づき、女性国家公務員の採用・登用に関する目標数値等を盛り込んだ取組計画を策定・公表し、総合的かつ計画的な取組を進めている。

　人事院では、第4次基本計画が閣議決定されたことを踏まえ、「女性国家公務員の採用・登用の拡大等に向けて」（平成27年12月人事院事務総長通知）を発出しており、各府省において女性国家公務員の採用・登用の拡大等に向けた具体的取組が進むよう支援している。

　女性国家公務員の採用拡大に向けては、公務に優秀な女性を確保するという観点から、平成30年度において、各府省の最前線で活躍する女性行政官が重要な政策課題について講演し、併せて女性の立場から公務の魅力等を伝える「女性のための霞が関特別講演」を都内の大学での6講演に加え、地方（京都）の大学で2講演実施するとともに、女子学生等に対し国家公務員の業務内容、仕事のやりがい、ワーク・ライフ・バランス等、公務の魅力を伝える「女性のた

143

めの公務研究セミナー」を全国で 3 回実施したほか、女性向け募集パンフレットを作成するなどにより、女性の進路選択を公務志望に結び付けるための活動を行った。

【国家公務員の環境整備に関する取組み】
　国家公務員の環境整備に関し、国は以下の取組みを行っている。
　①職員を対象とした各種研修
　　女性職員登用に向けた環境整備の一環として、平成 13 年度から、女性職員を対象とした研修を実施しており、平成 30 年度においては、本府省及び地方機関の係長級女性職員等を対象に「女性職員キャリアアップ研修」を 11 回、また、課長補佐級の女性職員を対象に「行政研修（課長補佐級）女性管理職養成コース」を実施した。さらに、本府省及び地方機関において各職場における人事管理・人材育成の責任を有する管理職員を対象に「女性職員登用推進セミナー」を 10 回、加えて、先輩職員として、女性職員を含む後輩職員に対して助言、指導するメンターとなることが予定されている職員等を対象に「メンター養成研修」を 10 回実施した。
　②人事院における取組み
　　人事院では、「メンター制度の実施の手引き」（平成 30 年 2 月人事院人材局企画課長通知）を類型例の一つとして示し、その概要や留意点について説明したパンフレットを用いて普及・啓発を行った。
　　さらに人事院においては、育児等の負担が事実上女性職員に偏りやすい実態があることから、平成 31 年 2 月、各府省の人事担当者を対象として開催した両立支援連絡協議会において、性別にかかわりなく両立支援制度が適正に活用されるよう各府省に取組を求めた。
　③女性の志望者拡大に向けた取組み
　　内閣官房内閣人事局では、女性の志望者拡大に向けて、「女子学生霞が関インターンシップ」を始めとした女性向けの職業体験型イベントの実施するほか、ホームページ、パンフレット等においてワーク・ライフ・バランスに関する取組や活躍している女性職員を紹介することなどにより、公務の魅力を積極的に発信している。
　　また、各府省における女性国家公務員の採用・登用の拡大等の取組状況に

ついてフォローアップを実施し、その結果を平成30年4月及び11月に公表した。

④内閣官房内閣人事局における職員を対象とした研修

　内閣官房内閣人事局は、本府省及び地方機関の職員を対象とした「女性活躍・ワークライフバランス推進マネジメントセミナー」、各府省等の全ての管理職員を対象とした「働き方改革と女性活躍、ワークライフバランス推進に係る管理職員向けeラーニング」、各府省の若手女性職員を対象とした「若手女性職員キャリアセミナー」、係長級としての経験年数を一定程度有している中堅女性職員を対象に「中堅女性職員キャリアセミナー」を実施したほか、「女性国家公務員のワークスタイル事例集」を作成・公表した。

⑤男性職員に対する啓蒙活動

　男性職員の育児休業等の取得については、その取得促進を図るため、有識者のアドバイスや制度解説等を掲載したハンドブック（「イクメンパスポート」）や啓発用ポスターの作成・配布を行っているほか、各府省等において、「男性職員による「男の産休」及び育児休業取得を促進するための標準的な取組手順及び人事評価の実施について（依頼）」（平成30年6月28日内閣官房内閣人事局人事政策統括官）を発出している。さらに、育児休業を取得した各府省の職員を対象として、「育児休業取得者のための職場復帰セミナー」、「仕事と育児の両立セミナー」を実施した。

⑥内閣府における取組み

　内閣府では、「女性の政策・方針決定参画状況調べ」の中で、国家公務員の府省別国家公務員採用試験採用者に占める女性割合や府省別の女性職員の登用状況等について毎年調査し、取りまとめて公表を行っている。

⑦ワークライフバランス等に関する取組み

　政府全体として、7月及び8月には、「ゆう活」（夏の生活スタイル変革）、「ワークライフバランス推進強化月間」を実施した。

　さらに、「ワークライフバランス職場表彰」を実施し、業務の効率化や職場環境の改善に向けた創意工夫を活かした取組を行った職場のうち、特に優秀なものについて表彰した。

　加えて、「霞が関の働き方改革を加速するための重点取組方針」（平成28年7月内閣人事局）に基づき、リモートアクセスとペーパーレス、マネジメント改

革、国会関係業務の改善などの取組を進めている。また、超過勤務を実施する際における、その理由や見込時間等の上司の把握に関して、平成29年4月から超過勤務予定の事前確認を全府省で本格実施し、「ワークライフバランス推進強化月間」の実施方針に盛り込む等により、年次休暇の取得促進と併せて、各府省に対して取組の徹底を図った。

【地方公務員採用者に占める女性の割合】

平成29年度の地方公務員採用試験採用者に占める女性の割合は、都道府県では、全体で35.1%、うち大学卒業程度で31.7%、政令指定都市では、全体で45.7%、うち大学卒業程度で 39.7%であり、都道府県より政令指定都市で高い水準となっている。長期的な推移を見ると、都道府県の大学卒業程度において増加傾向にあり、平成28年度以降30%を超えている。

都道府県における割合は長期的に上昇傾向にある一方で、政令指定都市における割合は下降傾向にあり、平成15年から17年にかけては約50%を推移していたが、近年では40%から45%を推移している。

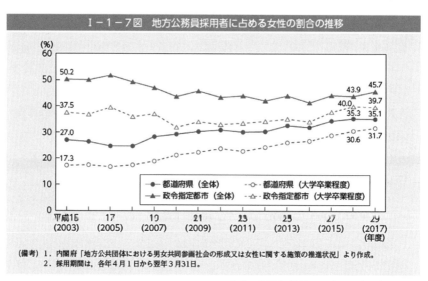

Ｉ－１－７図　地方公務員採用者に占める女性の割合の推移

（備考）　1.　内閣府「地方公共団体における男女共同参画社会の形成又は女性に関する施策の推進状況」より作成。
　　　　　2.　採用期間は、各年4月1日から翌年3月31日。

出典：内閣府「男女共同参画白書」令和元年版

146

【女性地方公務員の登用状況】

　本庁課長相当職以上に占める女性地方公務員の割合は、平成 30 年において、都道府県で 9.7%、市区町村で 14.7%（うち、政令指定都市では 14.1%）となっており、長期的に上昇傾向にある。

　役職段階別に見ると、平成 30 年の本庁係長相当職、本庁課長補佐相当職、本庁課長相当職、本庁部局長・次長相当職に占める女性の割合は、都道府県で 22.6%、19.0%、10.5%、6.4%、市区町村で 34.0%、28.5%、16.7%、8.8%（うち、政令指定都市では 25.8%、21.8%、15.8%、9.5%）となっており、最も割合の高い市区町村においては、本庁係長相当職が 30% を超えている。

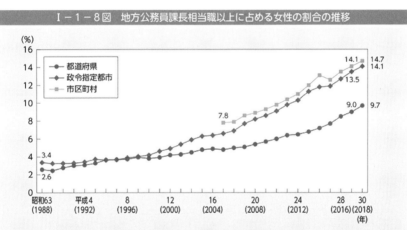

I－1－8図　地方公務員課長相当職以上に占める女性の割合の推移

（備考）1．平成5年までは厚生労働省資料，平成6年からは内閣府「地方公共団体における男女共同参画社会の形成又は女性に関する施策の推進状況」より作成。平成5年までは各年6月1日現在，平成6年から15年までは各年3月31日現在，平成16年以降は原則として各年4月1日現在。
　　　　2．市区町村の値には，政令指定都市を含む。
　　　　3．平成15年までは都道府県によっては警察本部を含めていない。
　　　　4．東日本大震災の影響により，平成23年の値には岩手県の一部（花巻市，陸前高田市，釜石市，大槌町），宮城県の一部（女川町，南三陸町），福島県の一部（南相馬市，下郷町，広野町，楢葉町，富岡町，大熊町，双葉町，浪江町，飯館村）が，平成24年の値には福島県の一部（川内村，葛尾村，飯館村）がそれぞれ含まれていない。また，北海道胆振東部地震の影響により，平成30年の値には北海道厚真町が含まれていない。
　　　　5．平成27年以降は，役職段階別に女性数及び総数を把握した結果を基に，課長相当職及び部局長・次長相当職に占める女性の割合を算出。

出典：内閣府「男女共同参画白書」令和元年版

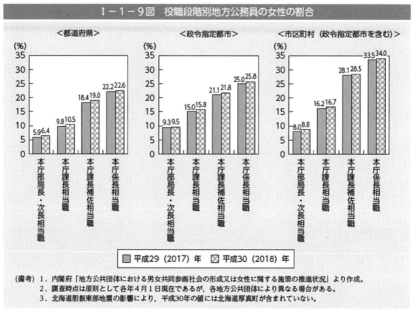

出典：内閣府「男女共同参画白書」令和元年版

【地方公務員に関する取組み】

地方公務員における女性の参画拡大のため、国は以下の取組みを行っている。

1　内閣府における取組み

内閣府では、地方議会の議員に占める女性割合、地方公務員の管理職に占める女性割合、都道府県防災会議の女性委員割合等について「都道府県別全国女性の参画マップ」を作成し、内閣府ホームページに掲載している。また、市町村における管理職に占める女性割合や男性公務員の育児休業取得率等について、地図上で分かりやすく「見える化」する「市町村女性参画状況見える化マップ」を内閣府ホームページに掲載している。

2　総務省における取組み

総務省では、特定事業主行動計画に基づく各地方公共団体の取組を支援するため、以下のような取組みを行っている。

①女性活躍・働き方改革に関する課題解決に向けた取組手法について意見交換・検討を行う場として、平成30年度に「女性地方公務員活躍・働

き方改革推進協議会」を開催するほか、「地方公務員における女性活躍・働き方改革推進のためのガイドブック」の改訂を行った。

②自治大学校において、「地方公務員女性幹部養成支援プログラム」を実施したほか、男性を含めた地方公務員の意識啓発を進めるべく、各研修課程において「女性活躍・働き方改革」に関する講義を実施した。

③ジョブローテーションの工夫による女性職員の計画的育成、テレワークの活用、男性職員の育児休業等の取得促進等、地方公共団体における先進的な取組事例について情報提供を充実させた。

④地方公共団体における「ゆう活」について、総務省から各地方公共団体に対し、平成 29 年度の実施結果を踏まえた取組の充実や、地域の先頭に立った積極的な取組を要請するほか、各団体の先進的な取組事例について、各地方公共団体に対し情報提供を行った。

上記取組に加え、職員が旧姓を使用しやすい職場環境づくり、「テレワーク・デイズ」を通じたテレワークの普及促進、「プレミアムフライデー」等における年次休暇に取得促進等について、助言や情報提供等を行っている。

3　消防庁における取組み

消防庁では、消防吏員の女性比率を、令和 8 年度当初までに 5％に増加させることを目標とし、消防本部等に対し、数値目標の設定による女性消防吏員の計画的な増員のほか、適材適所を原則とした職域の拡大、ライフステージに応じた配慮、浴室、仮眠室等の計画的な整備等、ソフト、ハード両面の職場環境整備に取り組むよう要請を行っている。

また、女性消防団員のいない市町村に対して積極的な取組を求めるとともに、様々な媒体を通じて、消防団への加入を呼びかける広報を行った。さらに、活動事例報告等を通じて女性消防団員相互の連携を深めるため、平成30年11月に全国女性消防団員活性化大会を開催した。

4　警察における取組み

警察では、女性の視点を一層反映した警察運営を進めているところであり、全国で警察署長、機動隊副隊長、警察署の刑事課長等として活躍するなど、女性警察官の登用を進めている。

また、各都道府県警察において、定員に占める女性警察官の割合等を盛り

込んだ計画を策定しており、令和5年中に全国平均で約10%とすることを目標としている。加えて、女性に向けた情報発信活動を強化するなど女性警察官の採用の拡大を図るほか、都道府県警察の幹部職員を対象とした研修の機会に、男女共同参画に関する施策についての教育を実施している。

4　経済分野における女性の参画拡大

【経済分野における女性の参画拡大が求められる背景】

　上述のとおり、我が国のジェンダー・ギャップ指数が極めて低位に留まっている主な原因は政治・経済分野における女性の参画が諸外国と比較して低い水準に留まっていることにあることに鑑みると、経済分野における女性の参画拡大は女性活躍の観点から必要不可欠といえる。

　M字カーブ問題等、女性のライフイベントと経済分野における女性の参画について課題2、3を通じて述べてきたが、以下では企業内の指導的地位に占める女性の割合の現状や、その他の国の施策について述べる。

【役員・管理職に占める女性の割合】

　常用労働者100人以上を雇用する企業の労働者のうち役職者に占める女性の割合をみると、近年上昇傾向にあるものの、上位の役職ほど女性の割合が低い傾向にあり、平成30年は、係長級18.3%、課長級11.2%、部長級は6.6%に留まっている。

　また、上場企業の役員に占める女性の割合をみると、近年上昇傾向にあり、調査開始の平成18年は僅か1.2%だったが、平成30年は4.1%となり、前年に比べても0.4ポイント上昇している。

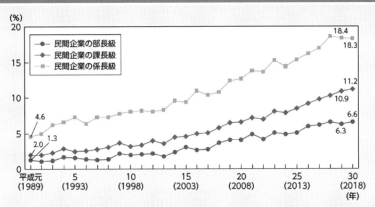

Ⅰ－2－12図　階級別役職者に占める女性の割合の推移

(備考) 1. 厚生労働省「賃金構造基本統計調査」より作成。
2. 100人以上の常用労働者を雇用する企業に属する労働者のうち、雇用期間の定めがない者について集計。
3. 常用労働者の定義は、平成29年以前は、「期間を定めずに雇われている労働者」、「1か月を超える期間を定めて雇われている労働者」及び「日々又は1か月以内の期間を定めて雇われている者のうち4月及び5月に雇われた日数がそれぞれ18日以上の労働者」。平成30年は、「期間を定めずに雇われている労働者」及び「1か月以上の期間を定めて雇われている労働者」。
4. 「賃金構造基本統計調査」は、統計法に基づき総務大臣が承認した調査計画と異なる取り扱いをしていたところ、平成31年1月30日の総務省統計委員会において、「十分な情報提供があれば、結果数値はおおむねの妥当性を確認できる可能性は高い」との指摘がなされており、一定の留保がついていることに留意する必要がある。

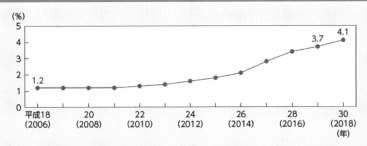

Ⅰ－2－13図　上場企業の役員に占める女性の割合の推移

(備考) 1. 東洋経済新報社「役員四季報」より作成。
2. 調査対象は、全上場企業（ジャスダック上場会社を含む）。
3. 調査時点は原則として各年7月31日現在。
4. 「役員」は、取締役、監査役、指名委員会等設置会社の代表執行役及び執行役。

出典：内閣府「男女共同参画白書」令和元年版

　上記のとおり、我が国の役員・管理職に占める女性の割合は、近年上昇は続けているものの、諸外国と比較すると未だ極めて低い水準にとどまっている。

　多くの諸外国の管理的職業従事者に占める女性の割合が30%を超える一方で、我が国はその半分に満たない14.9%となっており、今後一層の経済分野における女性の参画拡大が望まれる。

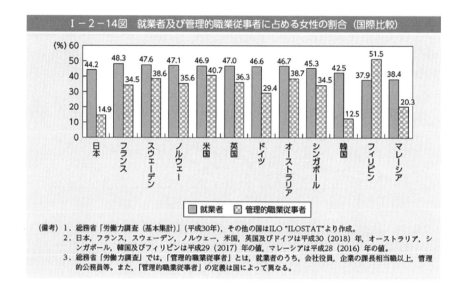

出典：内閣府「男女共同参画白書」令和元年版

【女性活躍推進法】

　「女性活躍推進法」（「女性の職業生活における活躍の推進に関する法律」）は、女性の職業生活における活躍の推進について、事業主等の責務を明らかにする等により、女性の職業生活における活躍を推進することを目的とする法律である。

　女性活躍推進法は、2016年4月に施行され、2026年3月までの10年間の時限立法である。

　同法8条により、常時雇用する労働者301人以上の事業主は、次の義務を負う（300人以下の事業主は努力義務）。

　①一般事業主行動計画の策定

　②一般事業主行動計画の都道府県労働局への届出

　③一般事業主行動計画の（労働者への）周知と公表

　④自社の女性の活躍に関する情報の公表

【女性活躍推進法の改正】

　上述のとおり女性の職業生活における活躍を推進することを目的として施工された女性活躍推進法は、平成31年5月29日、その一部を改正する法律が成

立し、同年6月5日に公布された。改正内容は以下のとおりである。

1　一般事業主行動計画の策定義務の対象拡大

一般事業主行動計画の策定・届出義務及び自社の女性活躍に関する情報公表の義務の対象が、常時雇用する労働者が301人以上から101人以上の事業主に拡大された（令和4年4月1日施行）。

2　女性活躍に関する情報公表の強化

常時雇用する労働者が301人以上の事業主は、情報公表項目について、

(1) 職業生活に関する機会の提供に関する実績

(2) 職業生活と家庭生活との両立に資する雇用環境の整備に関する実績

の各区分から1項目以上公表する必要がある（令和2年6月1日施行）。

3　特例認定制度（プラチナえるぼし）の創設

女性の活躍推進に関する状況等が優良な事業主の方への認定（えるぼし認定。後述参照）よりも水準の高い「プラチナえるぼし」認定を創設します（令和2年6月1日施行）。

【えるぼし認定】

女性の活躍推進に関する状況が優良な事業主は都道府県労働局への申請により、厚生労働大臣の認定（「えるぼし」認定。女性活躍推進法第9条に基づく認定）を受けることができる。

えるぼし（1段階目）の認定基準は、

①えるぼしの管理職比率、労働時間等の5つの基準のうち1つ又は2つの基準を満たし、その実績を「女性の活躍推進企業データベース」に毎年公表していること。

②満たさない基準については、事業主行動計画策定指針に定められた取組の中から当該基準に関連するものを実施し、その取組の実施状況について「女性の活躍推進企業データベース」に公表するとともに、2年以上連続してその実績が改善していること。

である。

えるぼし（2段階目）の認定基準は、

①えるぼしの管理職比率、労働時間等の5つの基準のうち3つ又は4つの基

　準を満たし、その実績を「女性の活躍推進企業データベース」に毎年公表
　していること。
②満たさない基準については、事業主行動計画策定指針に定められた取組の
　中から当該基準に関連するものを実施し、その取組の実施状況について「女
　性の活躍推進企業データベース」に公表するとともに、2年以上連続して
　その実績が改善していること。
　である。
　　えるぼし（3段階目）の認定基準は、えるぼしの管理職比率、労働時間等
　の5つの基準の全てを満たし、その実績を「女性の活躍推進企業データベー
　ス」に毎年公表していることである。
　　また、上記女性活躍推進法の改正により、新しく創設された「プラチナえ
　るぼし」の認定基準は、
　　①策定した一般事業主行動計画に基づく取組を実施し、当該行動計画に定
　　　めた目標を達成したこと。
　　②男女雇用機会均等推進者、職業家庭両立推進者を選任していること。(※)
　　③プラチナえるぼしの管理職比率、労働時間等の5つの基準の全てを満た
　　　していること（※）
　　④女性活躍推進法に基づく情報公表項目（社内制度の概要を除く。）のう
　　　ち、8項目以上を「女性の活躍推進企業データベース」で公表してい
　　　ること。(※)
　　　※実績を「女性の活躍推進企業データベース」に毎年公表することが必要
　とされている。
　なお「えるぼし」認定を取得した事業主は平成30年12月末時点で775社と
なっている。
　　認定段階については、認定段階3（当時の最高位）を取得している事業主は
507社、認定段階2は264社、認定段階1は4社となっている。
　　認定を受けた事業主は、認定マークを商品や広告、名刺、求人票などに使用
することができる。また女性求職者が、えるぼし認定を受けているか否かを就
職活動の指標にする等の活用が期待されている。（出典：厚生労働省「平成30
年版働く女性の実情」）

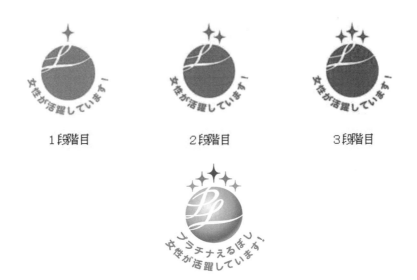

1段階目　　　　　　2段階目　　　　　　3段階目

5　医療分野における女性の参画拡大

【医療分野における女性の割合】

　医療施設で働いている医師、歯科医師に占める女性の割合は上昇傾向にある。医師のうち女性の割合は昭和51年の9.4%から平成28年の21.1%まで上昇を続けている。

　他方で、女性医師の割合は診療科ごとで差があり、医師数が1万人以上の診療科別に見てみると、眼科（38.3%）、産婦人科（35.8%）、小児科（34.3%）等では割合が高くなっているが、整形外科（4.9%）、外科（5.8%）、循環器内科（11.6%）等では低い水準に留まっている。

　薬局及び医療施設で働いている薬剤師に占める女性の割合は、平成14年まで上昇し、それ以降はほぼ横ばいとなっているものの、昭和51年の時点で半数を超える53.3%を占めており、その後も常に高い水準を維持している。

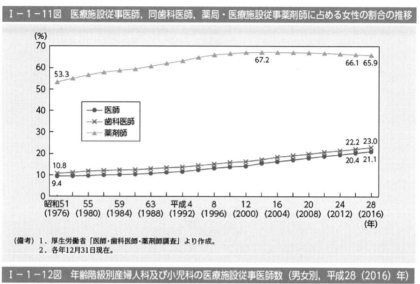

I-1-11図　医療施設従事医師，同歯科医師，薬局・医療施設従事薬剤師に占める女性の割合の推移

(備考) 1. 厚生労働省「医師・歯科医師・薬剤師調査」より作成。
　　　　2. 各年12月31日現在。

I-1-12図　年齢階級別産婦人科及び小児科の医療施設従事医師数 (男女別，平成28 (2016) 年)

(備考) 1. 厚生労働省「医師・歯科医師・薬剤師調査」(平成28年) より作成。
　　　　2. 平成28年12月31日現在。
　　　　3. 産婦人科は，主たる診療科が「産婦人科」及び「産科」の合計。

出典：内閣府「男女共同参画白書」令和元年版

【各府省における取組み】

　医療分野における女性の参画拡大に向け、各府省が下記の取組みを行っている。

①厚生労働省では、地域医療介護総合確保基金を通じて、女性医師の復職に
　関する相談窓口の設置や研修を行うほか、院内保育所の運営等の都道府県
　の取組に対して財政支援を行っている。

また、ライフステージに応じて働くことのできる柔軟な勤務形態の促進を図るため、「女性医師バンク」において就業あっせん等の再就業支援を行っており、「女性医師等キャリア支援モデル構築事業」として、女性医師等がキャリアと家庭を両立出来るような取組を構築する機関を選定し、普及推進可能な効果的支援策モデルを構築するための経費等を支援することで、女性医師等のキャリア支援の充実を図っている。

②内閣府では、医師等の専門的職業における女性の参画状況について、毎年「女性の政策・方針決定参画状況調べ」の中で取りまとめ、公表することで啓蒙を行っている。

6 科学技術・学術分野における女性の参画拡大

【科学技術・学術分野における女性の参画拡大が求められる背景】

我が国の、研究者に占める女性の割合は、後述のとおり諸外国と比較して低い水準に留まっている。

また、後述するとおり、我が国には学業成績にかかわらず女性学生が理系を回避する傾向があり、生育環境等で女性研究者が少なくなりやすい構造的な課題があることも示唆されるため、女性研究者の就業環境整備に加えて、女性学生の理工系人材の育成も積極的な取組みが望まれている。

【女性研究者数及び研究者に占める女性の割合の推移】

我が国における女性研究者は平成30年3月31日現在で約15万人、男性は約78万人であり、研究者総数に占める女性の割合は16.2%である。

研究者に占める女性の割合は、緩やかな上昇傾向にあるものの、後述のとおり諸外国と比べると依然として低い水準にとどまっている。

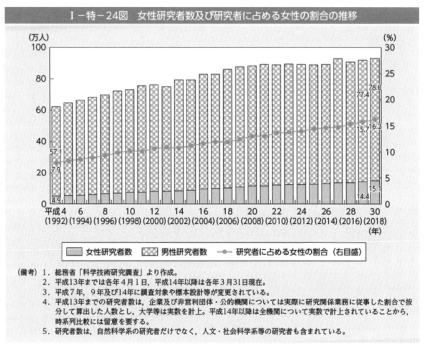

出典：内閣府「男女共同参画白書」令和元年版

【研究者に占める女性の割合の国際比較】

　上記のとおり、研究者に占める女性の割合は緩やかな上昇傾向にあるものの、諸外国と比べると依然として突出して低い水準にとどまっている。1番割合の高いアイスランド（47.2%）においては約半数に届く割合となっている一方で、我が国の割合は16.2%とその半分にも満たない。

　また、PISA調査（後述【女子の理系回避の原因】参照）の女子の得点が、日本の女子の得点より低いもしくは同程度の国と比べても研究者に占める女子の割合は低くなっているため、我が国において女性研究者が少ない理由として、理系分野における学力以外の原因が存することがみてとれる。

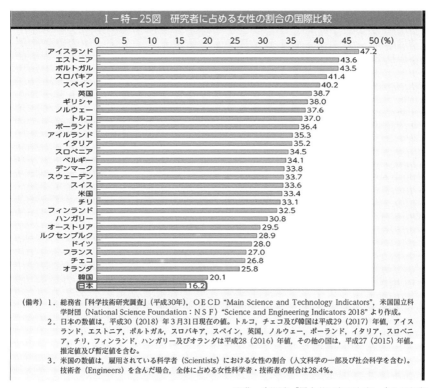

Ⅰ−特−25図　研究者に占める女性の割合の国際比較

国	割合(%)
アイスランド	47.2
エストニア	43.6
ポルトガル	43.5
スロバキア	41.4
スペイン	40.2
英国	38.7
ギリシャ	38.0
ノルウェー	37.6
トルコ	37.0
ポーランド	36.4
アイルランド	35.3
イタリア	35.2
スロベニア	34.5
ベルギー	34.1
デンマーク	33.8
スウェーデン	33.7
スイス	33.6
米国	33.4
チリ	33.1
フィンランド	32.5
ハンガリー	30.8
オーストリア	29.5
ルクセンブルク	28.9
ドイツ	28.0
フランス	27.0
チェコ	26.8
オランダ	25.8
韓国	20.1
日本	16.2

（備考） 1．総務省「科学技術研究調査」（平成30年），OECD "Main Science and Technology Indicators"，米国国立科学財団（National Science Foundation：NSF）"Science and Engineering Indicators 2018" より作成。
2．日本の数値は，平成30（2018）年3月31日現在の値。トルコ，チェコ及び韓国は平成29（2017）年値，アイスランド，エストニア，ポルトガル，スロバキア，スペイン，英国，ノルウェー，ポーランド，イタリア，スロベニア，チリ，フィンランド，ハンガリー及びオランダは平成28（2016）年値，その他の国は，平成27（2015）年値。推定値及び暫定値を含む。
3．米国の数値は，雇用されている科学者（Scientists）における女性の割合（人文科学の一部及び社会科学を含む）。技術者（Engineers）を含んだ場合，全体に占める女性科学者・技術者の割合は28.4％。

出典：内閣府「男女共同参画白書」令和元年版

7　女性研究者・技術者が働き続けやすい研究環境の整備

【採用・登用に関する取組み】

　「第5期科学技術基本計画」（平成28年1月閣議決定）では、国は、「第4期科学技術基本計画」（平成23年8月閣議決定）が掲げた女性研究者の新規採用割合に関する目標値（自然科学系全体で30％）について、第5期科学技術基本計画において、同計画中の速やかな達成に向けた取組を産学官の総力を結集して総合的に推進することを盛り込んでいる。

　同基本計画においては、女性の活躍の促進のため、研究等とライフイベントの両立を図るための支援や環境整備、女性リーダーの育成・登用促進、次世代を担う女性の科学技術人材の裾野の拡大に取り組むこととしている。

【人材の育成等に関する取組み】

　外務省は、「女性の理系キャリア促進のためのイニシアティブ（WINDS）」を
実現するため、平成30年1月、1名のWINDS大使を再任命した。WINDS大
使は理系分野の女性の活躍を推進するための各種会議及びイベントに積極的に
参加している。

　経済産業省では、理系女性活躍促進のため、理系女性が持っているスキルと
産業界が求めるスキルの可視化を行い、女性自身がどのようなスキルを身につ
ければよいか把握できるような環境整備等を支援するため「理系女性活躍促進
支援事業」を実施し、「理系女性活躍促進支援システム」を公開しており、PR
活動を行っている。

【研究活動と育児・介護等の両立に対する支援及び環境整備】

　文部科学省では、研究と出産・育児等のライフイベントとの両立や女性研究
者の研究力の向上を通じたリーダーの育成を一体的に推進するダイバーシティ
実現に向けた大学等の取組を支援する「ダイバーシティ研究環境実現イニシア
ティブ」事業を実施した。

　独立行政法人日本学術振興会の「特別研究員（RPD）事業」においては、博
士の学位取得者で優れた研究能力を有する者が、出産・育児による研究中断後、
円滑に研究現場に復帰することができるよう大学等の研究機関で研究に専念し、
研究者としての能力を向上できるよう支援している。

　文部科学省及び独立行政法人日本学術振興会の科学研究費助成事業（科研費）
においては、産前産後の休暇や育児休業を取得していたために所定の応募時期
（前年11月）に応募できなかった研究者等を対象とする研究種目を設けている。

　また、平成30年度から、若手研究者のキャリア形成に係る多様なニーズに的
確に応えるなどの観点から、若手研究者向けの研究種目の応募要件を従来の「年
齢」から「博士の学位取得後8年未満」に変更しているが、その際、博士の学
位取得後に取得した育児休業等（産前・産後の休暇、育児休業）の期間を考慮
している。

8　女性学生・生徒の理工系人材の育成

【専門分野別にみる大学及び大学院学生に占める女子学生の割合】

　平成30 (2018) 年度における大学 (学部) 及び大学院 (修士課程、博士課程) の学生に占める女子の割合は、それぞれ45.1%、31.3%、33.6%となっており、いずれも過去最高となっている。

　その一方で専攻分野別に見ると、薬学・看護学等、人文科学及び教育では女子の割合が高い一方で、理学及び工学では女子の割合が低く、専攻分野によって男女の偏りが見られる。

　理学に着目すると、大学・大学院 (修士課程、博士課程) いずれにおいても女子の割合は3割を切っており、工学に着目すると大学・大学院 (修士課程、博士課程) いずれにおいても2割を切っており、特に理工系について女子の割合が低いことが顕著である。

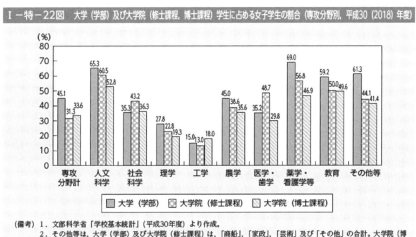

I－特－22図　大学 (学部) 及び大学院 (修士課程, 博士課程) 学生に占める女子学生の割合 (専攻分野別, 平成30 (2018) 年度)

(備考) 1. 文部科学省「学校基本統計」(平成30年度) より作成。
　　　 2. その他等は、大学 (学部) 及び大学院 (修士課程) は、「商船」、「家政」、「芸術」及び「その他」の合計。大学院 (博士課程) は、商船の学生がいないため、「家政」、「芸術」及び「その他」の合計。
　　　 3. 大学 (学部) の「薬学・看護学等」の数値は、「薬学」、「看護学」、「その他」の合計。大学院 (修士課程, 博士課程) の「薬学・看護学等」の数値は、「薬学」、「その他」の合計。

出典：内閣府「男女共同参画白書」令和元年版

【男女別の好きな科目の調査】

　平成27年に実施された調査によると、小学生、中学生共に好きな科目に男女で相違が見られる。女子は、男子に比べて国語が好きな割合が高く、男子は、女子に比べて社会や算数（数学）、理科が好きな割合が高くなっている。

　特に、小学生では算数、中学生では理科で男女差が大きくなっている。

　もっとも女子に着目してみると、小学生の好きな科目は英語、理科、国語の順であり、国語より理科が好きな者が多く、3位の国語と4位の算数も僅差である。しかし、中学生になると5科目中数学、理科は各々4位、5位に低下している。

　小学校から中学校に進むにつれて、理科及び算数が好きな女子の割合が低下していることがみてとれる。

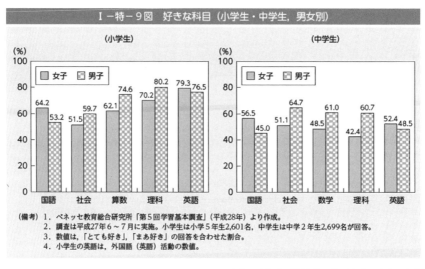

Ⅰ－特－9図　好きな科目（小学生・中学生，男女別）

（備考）　1．ベネッセ教育総合研究所「第5回学習基本調査」（平成28年）より作成。
　　　　　2．調査は平成27年6〜7月に実施。小学生は小学5年生2,601名、中学生は中学2年生2,699名が回答。
　　　　　3．数値は、「とても好き」、「まあ好き」の回答を合わせた割合。
　　　　　4．小学生の英語は、外国語（英語）活動の数値。

出典：内閣府「男女共同参画白書」令和元年版

【文系・理系に対する意識の調査】

　中学生を対象にした「女子生徒等の理工系進路選択支援に向けた生徒等の意識に関する調査研究」によると、自身を「理系タイプである」もしくは「どちらかといえば理系タイプである」と回答した女子は27.1%、自身を「文系タイプである」もしくは「どちらかといえば文系タイプである」と回答した女子は41.0%であり、男子に比べて女子は自身について「文系タイプである」、「どち

らかといえば文系タイプである」と回答した生徒が多くなっている。

　さらに「将来は文系／理系どちらの進路に進みたいか」との質問に対しても、男子に比べて女子は、「文系」、「どちらかといえば文系」と回答した生徒が多くなっている。

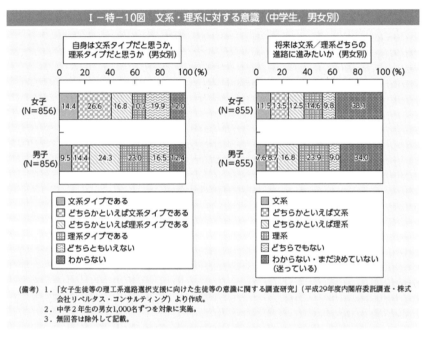

I－特－10図　文系・理系に対する意識（中学生，男女別）

（備考）　1．「女子生徒等の理工系進路選択支援に向けた生徒等の意識に関する調査研究」（平成29年度内閣府委託調査・株式会社リベルタス・コンサルティング）より作成。
　　　　　2．中学2年生の男女1,000名ずつを対象に実施。
　　　　　3．無回答は除外して記載。

出典：内閣府「男女共同参画白書」令和元年版

【女子の理系回避の原因】

　義務教育修了段階（15歳児）の学習到達度における男女差について見てみると、OECD（経済協力開発機構）が平成27年に実施したPISA調査（生徒の学習到達度調査）によれば、我が国の学力は引き続き上位に位置している。

　我が国の男女間で比較すると、読解力は、女子が得点、正答率ともに高くなっているが、科学的リテラシー及び数学的リテラシーは、男子が得点、正答率ともに高くなっている。

　我が国の女子の理学系リテラシー及び数学的リテラシーを諸外国と比較すると、その平均得点はいずれもOECD平均より高い。

　上記のとおり、我が国の女子の科学的リテラシー及び数学的リテラシーの点数は、男子に比べると低くなってはいるが、国際的に見て点数が悪いというわけではなく、むしろ諸外国の女子及び男子よりも高くなっている。

　それにもかかわらず、前述のとおり大学等における理工系分野の女子割合は低い。

　「理工系分野における女性活躍の推進を目的とした関係国の社会制度・人材育成等に関する比較・分析調査報告書」（平成28年度内閣府委託調査・公益財団法人未来工学研究所）によるとこれは、女子の理数系科目の学力不足ではなく、むしろ周囲の女子の進学動向、親の意向、ロールモデルの不在等の環境が影響していると考えられている。

　そのため、生徒に学んだ知識と実社会のつながりを理解させるような環境を醸成することや、生徒だけでなくその家族や保護者に対しての支援も行うこと等が必要であると指摘されている。

　なお、【進路選択の先にある将来の環境】で記載のとおり、進学時に「大学（理系）卒」は、「就職のための資格が取れること」を重視する割合が半数を超えているが、「大学（文系）卒」は、「自分のやりたいことを勉強できること」を重視する割合が最も高くなっていることに鑑みると、進路選択の段階で、就職のための資格が取れること以上の理工系分野の魅力を発信していくことが求められていると考えられる。

Ⅰ－特－12表　OECD生徒の学習到達度調査（PISA）2015年調査の結果

	日本			OECD平均		
	全体	男性	女性	全体	男性	女性
科学的リテラシー平均得点	538点	545点	532点	493点	495点	491点
科学的リテラシー正答率	58%	60%	57%	—	—	—
数学的リテラシー平均得点	532点	539点	525点	490点	494点	486点
数学的リテラシー正答率	54%	56%	53%	—	—	—
読解力平均得点	516点	509点	523点	493点	479点	506点
読解力正答率	63%	62%	65%	—	—	—

【PISAの数学の男女別平均点の推移（日本とOECD平均）】

【PISAの科学の男女別平均点の推移（日本とOECD平均）】

2015年点数	日本	韓国	ノルウェー	英国	ドイツ	米国	OECD平均
男子	539	521	501	498	514	474	494
女子	525	528	503	487	498	465	486
男女差	14	−7	−2	12	17	9	8

2015年点数	日本	韓国	ノルウェー	英国	ドイツ	米国	OECD平均
男子	545	511	500	510	514	500	495
女子	532	521	497	509	504	493	491
男女差	14	−10	3	1	10	7	4

（備考）1．国立教育政策研究所「生きるための知識と技能　OECD生徒の学習到達度調査（PISA）2015年調査国際結果報告書」（平成28年12月）及び「理工系分野における女性活躍の推進を目的とした関係国の社会制度・人材育成等に関する比較・分析調査報告書」（平成28年度内閣府委託調査・公益財団法人未来工学研究所）より作成。
　　　　2．表の平均得点及び差は整数値に丸めた値であり、表中のそれぞれの得点差とは必ずしも一致しない。

出典：内閣府「男女共同参画白書」令和元年版

【理工系女性人材の育成】

　内閣府では、理工系女性人材を一貫して支援するための産学官からなる支援体制として、理工系女性人材の育成に向けた取組を実施した企業、大学、学術団体等からなる「理工系女子応援ネットワーク」の情報交換や相互協力・連携強化を図っている。

　また、文部科学省及び国立研究開発法人科学技術振興機構との共催で女子中高生等を対象に、理工系進路選択に向けたシンポジウムを開催し、ロールモデ

ルの紹介等を通じて理工系進路選択後の未来について理解を促進している。

　さらに、生徒の進路選択について、保護者や教員等からの影響もある状況下においては、本人だけではなく理工系分野への進路選択に関する保護者や教員等に充分な現状認識が求められることを前提に、保護者等に対する調査等を通じ、有効な取組の検討を行うとともに、対話形式のシンポジウムを試行実施・分析することにより、その成果や課題等について、報告書をとりまとめ、公表した。

【理工系分野に関する女子児童・生徒、保護者及び教員の理解促進に関する取組み】

　内閣府では、女子学生・生徒、保護者、教師等を対象に、女性の進出が遅れている理工系分野への関心と理解を促進するため、ウェブサイト「理工チャレンジ」を開設し、女性研究者等のロールモデルや、この取組に賛同する大学・企業等（リコチャレ応援団体）の情報提供を実施している。

　また、女子生徒等の理工系分野への進路選択を支援するため、文部科学省及び一般社団法人日本経済団体連合会と連携して各大学・企業等で実施している、主に女子中高生等を対象とした理工系の職場見学、仕事体験、施設見学など多彩なイベントを取りまとめた企画である「夏のリコチャレ2018～理工系のお仕事体感しよう！～」を開催した。

　さらに、女子生徒等の理工系進路選択を社会全体で応援する機運の醸成を目的として、多様なロールモデルとなる「STEM Girls Ambassadors（理工系女子応援大使）」の取組を開始した。

　国立研究開発法人科学技術振興機構では、女子中高生の理系分野への興味・関心を高め、適切な理系進路の選択を可能にするため、科学技術分野で活躍する女性研究者・技術者、大学生等と女子中高生の交流機会の提供や、実験教室・シンポジウム・出前授業の実施等、地域や企業等と連携した取組などを実施する大学等に支援を行う「女子中高生の理系進路選択支援プログラム」を実施した。

　平成30年度は、民間企業を含めた実施体制のもとで、理系の大学等を卒業した後の多様なロールモデルの提示や、中学校・高等学校等への出前授業の実施などにより、文理選択に迷う生徒の興味を喚起するとともに、進路選択に大きな影響を与える保護者・教員等への取組も行っている。

9　スポーツ分野における男女共同参画の推進

【オリンピック出場選手に占める女性選手の割合】

　オリンピック出場選手に占める女子選手の割合（世界）を見ると、夏季・冬季大会ともに増加している。夏季大会では、2012年ロンドン大会は44.2%、2016年リオ大会は45.6%であり、2020年東京大会では48.8%と過去最高となる見通しである。冬季大会は、2018年平昌大会で42.5%と過去最高となった。

　オリンピック日本選手団に占める女子選手の割合を見ると、夏季大会では、2004年アテネ大会で54.8%と初めて半数を超え、以後2008年北京大会で49.9%、2012年ロンドン大会で53.2%、2016年リオ大会で48.5%と近年おおむね半数で推移している。冬季大会では、2014年ソチ大会で初めて5割を超え、2018年平昌大会では58.1%と過去最高となった。

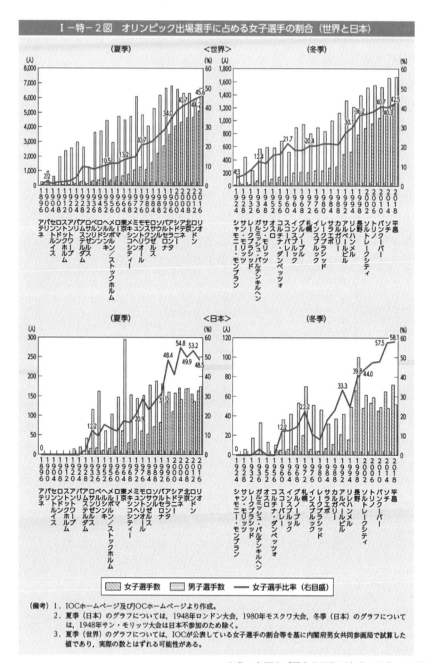

I－特－2図　オリンピック出場選手に占める女子選手の割合（世界と日本）

(備考)　1. IOCホームページ及びJOCホームページより作成。
　　　　2. 夏季 (日本) のグラフについては、1948年ロンドン大会、1980年モスクワ大会、冬季 (日本) のグラフについて
　　　　　は、1948年サン・モリッツ大会は日本不参加のため除く。
　　　　3. 夏季 (世界) のグラフについては、IOCが公表している女子選手の割合等を基に内閣府男女共同参画局で試算した
　　　　　値であり、実際の数とはずれる可能性がある。

出典：内閣府「男女共同参画白書」平成30年版

【文部科学省の取組み】

　文部科学省では、総合型地域スポーツクラブの育成をはじめ、国民の誰もが、いつでも、どこでも、いつまでもスポーツに親しむことのできる生涯スポーツ社会の実現に向けた環境の整備を推進するため、新たなスポーツやプログラムの開発・普及や、スポーツに興味・関心を持ち習慣化につながる取組みを支援している。

　また、女性のスポーツ実施率向上のための取組みや、女性スポーツ指導者の育成支援、スポーツ団体における女性役員の育成支援を行っている。

　さらに、女性アスリートの国際競技力向上に向けて、ハイレベルな競技大会の新たな開催を通じた女性アスリートの育成、女性特有の課題に着目した女性アスリートの戦略的強化に資する調査研究や医・科学サポート、優れた女性コーチの育成を行っている。

課題5　女性への暴力の根絶

1　女性に対する暴力の予防と根絶

【第4次男女共同参画基本計画における成果目標】

　女性に対する暴力は、犯罪となる行為をも含む重大な人権侵害である。その予防と被害からの回復のための取組みを推進し、暴力の根絶を図ることは、男女共同参画社会を形成していく上で克服すべき重要な課題であり、国としての責務であるとされている。

　第4次男女共同参画基本計画における、女性に対するあらゆる暴力の根絶に対する成果目標は以下のとおりとされている。

　＜成果目標＞

項　目	現　状	成果目標（期限）
配偶者からの被害を相談した者の割合 （男女別）	男性：16.6% 女性：50.3% （平成26年）	男性：30% 女性：70% （平成32年）
配偶者からの暴力の相談窓口の周知度 （男女別）	男性：30.4% 女性：34.3% （平成26年）	男女とも70% （平成32年）
市町村における配偶者暴力相談支援センターの数	88か所 （平成27年11月）	150か所 （平成32年）
行政が関与する性犯罪・性暴力被害者のためのワンストップ支援センター設置数	25か所 （平成27年11月）	各都道府県に 最低1か所 （平成32年）

【社会環境の整備に関する取組み】

　男女共同参画推進本部は、毎年11月12日から同月25日（国連が定めた「女性に対する暴力撤廃国際日」）までの2週間、「女性に対する暴力をなくす運動」を実施している。

　内閣府では、上記期間中、地方公共団体、女性団体その他の関係団体との連携・協力の下、意識啓発等の女性に対する暴力に関する取組を一層強化している。

　また、女性に対する暴力の加害者及び被害者になることを防止する観点から、若年層に対する効果的な予防啓発を行うため、若年層に対して教育・啓発の機

会を持つ教育機関の教職員、地方公共団体において予防啓発事業を担当している行政職員、予防啓発事業を行っている民間団体等を対象として研修を実施している。

【女性に対する暴力に関する相談・カウンセリング対策の充実】
　後記で詳述する配偶者等からの暴力やストーカー事案等も含め、女性に対する暴力や性犯罪等に関し、国は以下の取組みを行っている。
　①内閣府における対策
　　内閣府では、配偶者からの暴力について相談できる窓口を知らない被害者を相談機関につなぐため、発信地等の情報から最寄りの配偶者暴力相談支援センター等の相談機関の窓口に自動転送する「DV 被害者のための相談機関電話番号案内サービス（DV 相談ナビ）」を実施している。
　②警察における対策
　　警察では、被害女性の二次的被害の防止や精神的被害の回復を図るため、性犯罪、ストーカー事案、配偶者からの暴力事案等の被害女性から事情聴取を行うことのできる女性警察官や心理学等に関する知識を有しカウンセリング等を行うことのできる職員等の確保や、民間のカウンセラー等との連携に努めている。
　　また、被害女性の心情等を理解しこれに配意した対応等について警察職員に対する教養を充実させている。さらに、被害者等の精神的被害が著しく、その回復、軽減を図る必要がある場合には、被害直後から臨床心理士等を派遣し、被害者等の精神的ケアを行っている。
　　ほか、全国統一番号の警察相談専用電話「＃9110」番の設置、各都道府県警察に設置している各種相談窓口の整備・充実を行うとともに、平成29年8月に導入した各都道府県警察の性犯罪被害相談電話につながる全国共通番号「＃8103（ハートさん)」の充実を図っている。
　③法務省の人権擁護機関における対策
　　法務省の人権擁護機関では、専用相談電話「女性の人権ホットライン」を設置するとともに、インターネット人権相談受付窓口を開設するなどして、夫・パートナーからの暴力やセクシュアルハラスメント等女性の人権問題に関する相談体制のより一層の充実を図っている。

平成30年度においては、「女性に対する暴力をなくす運動」期間中に、全国一斉「女性の人権ホットライン」強化週間を設けた。また、性的な画像を含むインターネット上の人権侵害情報に関する相談にも応じている。

④日本司法支援センター（法テラス）

日本司法支援センター（以下「法テラス」という。）では、国、地方公共団体、弁護士会、犯罪被害者支援団体等との連携・協力の下、全国の相談窓口等についての情報を収集し、犯罪被害者等に対して、その相談内容に応じた相談窓口の紹介や法制度に関する情報を提供するほか、犯罪被害者支援の経験や理解のある弁護士の紹介等の犯罪被害者支援業務を行っている。

また、平成30年1月24日からは、改正後の総合法律支援法（平成16年法律第74号）に基づくDV・ストーカー・児童虐待の被害者を対象とした新たな法律相談援助業務を開始している。

加えて、経済的に余裕のない者については、民事裁判等手続を利用する際の弁護士費用等の立替えを行う民事法律扶助等による支援も行っている。

そのほか、国選被害者参加弁護士の候補となる弁護士の確保や裁判所への指名通知、被害者参加旅費の支給等の業務を行っているところ、これらの業務を迅速・適切に行うため、地方事務所ごとに、関係機関等との連携強化に努めているほか、二次的被害の防止等に関する研修を行うなどして担当職員の能力向上に努めている。

⑤厚生労働省における対策

厚生労働省では、婦人相談所において休日夜間も含めた相談体制の強化を図るなど、婦人相談所職員、婦人相談員等による被害女性からの相談体制の充実を図っている。

また、婦人相談員による相談・支援の充実を図るため、婦人相談員手当について、一定の研修を終了した者は勤務実態に応じた手当額となるように拡充を行っている。さらに、婦人保護施設等における同伴児童対応指導員の配置を拡充（3名から5名）するとともに、個別対応できる職員を配置できることとし、支援体制の強化を図ることとしている。

2 配偶者等からの暴力の防止

【配偶者間における犯罪被害者の男女別割合】

配偶者間における暴力の被害者は女性である場合が多く、平成30（2018）年に検挙した配偶者間（内縁含む）における殺人、傷害、暴行事件の総数は7667件であり、うち6,960件（90.8%）は女性が被害者となった事件である。

女性が被害者となった割合を罪種別にみると、殺人の 153 件中 85 件（55.6%を除いて、傷害で 2,684 件中 2,489 件（92.7%）、暴行で 4,830 件4,386 件（90.8%）と圧倒的に女性が被害者となる割合が高くなっている。

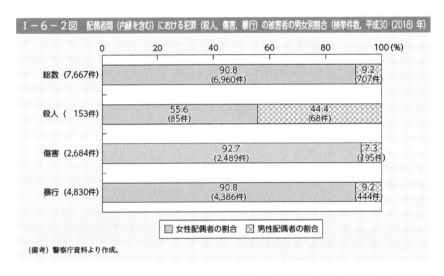

I－6－2図　配偶者間（内縁を含む）における犯罪（殺人，傷害，暴行）の被害者の男女別割合（検挙件数，平成30（2018）年）

(備考) 警察庁資料より作成。

出典：内閣府「男女共同参画白書」令和元年版

【配偶者暴力相談支援センター】

配偶者暴力相談支援センターでは、配偶者からの暴力の防止及び被害者の保護を図るため、

・相談や相談機関の紹介
・カウンセリング
・被害者及び同伴者の緊急時における安全の確保及び一時保護
・自立して生活することを促進するための情報提供その他の援助
・被害者を居住させ保護する施設の利用についての情報提供その他の援助

・保護命令制度の利用についての情報提供その他の援助

を行っており、都道府県が設置する婦人相談所その他の適切な施設において、配偶者暴力相談支援センターの機能を果たしている。

出典：http://www.gender.go.jp/policy/no_violence/e-vaw/soudankikan/01.html

【交際相手からの暴力への対応】

　配偶者暴力相談支援センターでは、交際相手からの暴力被害を受けた者からの相談にも対応している。

　警察では、交際相手からの暴力について、被害者等の生命・身体の安全の確保を最優先に、刑罰法令に抵触する事案については、検挙その他の措置を講じ、刑罰法令に抵触しない事案についても、被害者に対する防犯指導、加害者への指導警告等事案に応じた措置を講じている。

　また、婦人相談所では、恋人からの暴力の被害女性についても、一時保護を含め、支援の対象としている。

【民間シェルター】

　「民間シェルター」とは、民間団体によって運営されている暴力を受けた被害者が緊急一時的に避難できる施設である。現在民間シェルターでは、被害者の一時保護だけに止まらず、相談への対応、被害者の自立へ向けたサポートなど、被害者に対する様々な援助を行っている。

　NPO法人や社会福祉法人等の法人格を持っているところや、法人格を持たない運営形態を取っているところもあり、各都道府県・政令指定都市が把握している民間シェルターを運営している団体数は全国で122（令和元年11月1日現在）となっている。民間シェルターは被害者の安全の確保のため、所在地は非公開である。

　また、民間シェルターに対する地方公共団体からの財政支援については、地方交付税法における特別の財政需要として、平成13年度以降の特別交付税の算定基準に盛り込まれている。

【DV 対応と児童虐待対応との連携強化】

　DV と児童虐待とは密接な関係があるとされており、第 198 回通常国会において配偶者暴力防止法の一部改正を含む「児童虐待防止対策の強化を図るための児童福祉法等の一部を改正する法律案」が提出された。

　同法律案は DV の被害者の適切な保護が行われるよう、相互に連携・協力すべき機関として児童相談所を法律上明確化すること等を内容としている。

　また、平成 31 年 3 月に決定した「児童虐待防止対策の抜本的強化について」（児童虐待防止対策に関する関係閣僚会議決定）においては、DV 対応と児童虐待対応との連携強化に係る施策が盛り込まれた。

3　ストーカー事案への対策の推進

【ストーカーの被害経験についての調査】

　内閣府「男女間における暴力に関する調査」（平成 29 年）において、これまでにある特定の相手から執拗なつきまといや待ち伏せ、面会・交際の要求、無言電話や連続した電話・メール等の被害経験を聞いたところ、1 人以上の者から被害を受けたことがある者の割合が、女性が男性の 2 倍以上となっており、女性 10.9%、男性 4.5%である。

　また、被害の相談先として、女性は「友人・知人に相談した」が 56.3%で最も多いが、男性は「どこ（だれ）にも相談しなかった」が 38.6%で最も多く、「友人・知人に相談した」が 31.4%とこれに続いた。

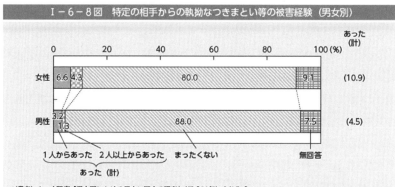

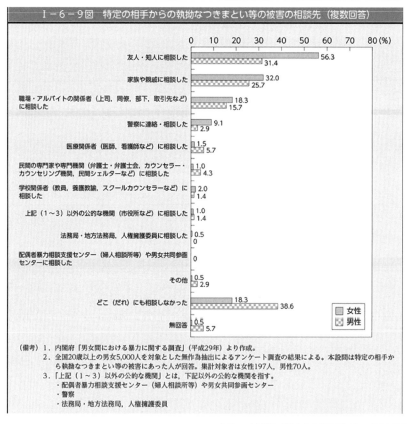

I-6-8図　特定の相手からの執拗なつきまとい等の被害経験（男女別）

あった（計）

女性　6.6　4.3　80.0　9.1　（10.9）

男性　3.2／1.3　88.0　7.5　（4.5）

1人からあった　2人以上からあった　まったくない　無回答
あった（計）

（備考）1．内閣府「男女間における暴力に関する調査」（平成29年）より作成。
　　　　2．全国20歳以上の男女5,000人を対象とした無作為抽出によるアンケート調査の結果による。集計対象者は，女性1,807人，男性1,569人。
　　　　3．「特定の相手からの執拗なつきまとい等」は，ある特定の相手から執拗なつきまといや待ち伏せ，面会・交際の要求，無言電話や連続した電話・メールやSNS・ブログ等への書き込みなどの被害のいずれかとして聴取。

I-6-9図　特定の相手からの執拗なつきまとい等の被害の相談先（複数回答）

相談先	女性	男性
友人・知人に相談した	56.3	31.4
家族や親戚に相談した	32.0	25.7
職場・アルバイトの関係者（上司，同僚，部下，取引先など）に相談した	18.3	15.7
警察に連絡・相談した	9.1	2.9
医療関係者（医師，看護師など）に相談した	1.5	5.7
民間の専門家や専門機関（弁護士・弁護士会，カウンセラー・カウンセリング機関，民間シェルターなど）に相談した	1.0	4.3
学校関係者（教員，養護教諭，スクールカウンセラーなど）に相談した	2.0	1.4
上記（1～3）以外の公的な機関（市役所など）に相談した	1.0	1.4
法務局・地方法務局，人権擁護委員に相談した	0.5	0
配偶者暴力相談支援センター（婦人相談所等）や男女共同参画センターに相談した	0	
その他	0.5	2.9
どこ（だれ）にも相談しなかった	18.3	38.6
無回答	0.5	5.7

（備考）1．内閣府「男女間における暴力に関する調査」（平成29年）より作成。
　　　　2．全国20歳以上の男女5,000人を対象とした無作為抽出によるアンケート調査の結果による。本設問は特定の相手から執拗なつきまとい等の被害にあった人が回答。集計対象者は女性197人，男性70人。
　　　　3．「上記（1～3）以外の公的な機関」とは，下記以外の公的な機関を指す。
　　　　　・配偶者暴力相談支援センター（婦人相談所等）や男女共同参画センター
　　　　　・警察
　　　　　・法務局・地方法務局，人権擁護委員

出典：内閣府「男女共同参画白書」令和元年版

【ストーカー規制法の改正】

　平成28年12月、ストーカー行為等の規制等に関する法律(以下、「ストーカー規制法」という。）の一部を改正する法律が制定された。主な改正の内容は、次のとおりである。

①規制対象行為の拡大等（2条）

　ストーカー規制法における規制対象行為である「つきまとい等」として、次の行為を追加した（1項1・5号、2項）

　　・住居等の付近をみだりにうろつくこと。
　　・SNSのメッセージ送信等、ブログ等の個人のページにコメント等を送ること。

　ほか、性的羞恥心を害する電磁的記録等の送りつけ等を確認的に規制対象行為として明記した（1項8号）

②禁止命令等の制度の見直し（5条）

　警告を経ずに禁止命令等を行うことが可能となった（1項）うえ、緊急の場合には、禁止命令等の事前手続きとして必要な聴聞を事後化（禁止命令等をした後に聴聞）する見直しを行った（3、4項）。

　また、禁止命令等の有効期間を設け、1年ごとの更新制に改正された（8〜10項）。

③ストーカー行為等にかかる情報提供の禁止

　何人も、ストーカー行為等をするおそれがある者であることを知りながら、その者に対し被害者情報を提供してはならないと改正された（6条）。

　そのほか、国や地方公共団体が行うべき措置について努力義務を定めた規定を加える、ストーカー行為罪を非親告罪（告訴がなくとも公訴を提起することができる犯罪）とする、罰則を強化する等の改正を行っている。

（改正後のストーカー規制法に基づく措置の流れ）

出典：警察庁　平成29年度犯罪被害者白書

【各関係省庁におけるストーカー対策】

　ストーカー対策に関する関係省庁では、引き続き「ストーカー総合対策」（平成27年3月ストーカー総合対策関係省庁会議、平成29年4月改訂）に基づく取組の確実な実施を図っている。

　警察では、ストーカー行為等の規制等に関する法律（平成12年法律第81号）その他の法令を積極的に適用し、加害者の積極的な検挙を行うなど、ストーカー事案や配偶者からの暴力事案等の人身の安全を早急に確保する必要性の認められる事案に一元的に対処するための体制による迅速かつ的確な組織的対応を徹底している。

　また、関係機関と連携し、被害者等の安全を確保するための措置を行うとともに、「被害者の意思決定支援手続」の実施や一時避難に係る宿泊費の公費負担措置等による迅速かつ的確な対応を徹底し、さらに、警察官が地域精神科医等にストーカー加害者への対応方法や治療・カウンセリングの必要性について助言を受け、加害者に受診を勧めるなど、地域精神科医等との連携を推進している。加えて、被害者が早期に相談することができるようストーカー対策に係る広報啓発活動も推進している。

　厚生労働省では、婦人相談所等において、引き続きストーカー被害者等の支援を実施している。

　また、「『婦人相談所が行う一時保護の委託について』の一部改正について」（平

成28年3月31日雇用均等・児童家庭局長通知）に基づき、平成28年度から
ストーカー被害の女性についても、より適切な支援が可能な民間シェルター等
への一時保護委託が可能となった。

【カウンセリングの公費負担制度】
　警察庁においては、犯罪被害者等が自ら選んだ精神科医、臨床心理士等を受
診した際の診療科又はカウンセリング料を公費で負担する制度を講じ、平成30
年7月までに、全国において同制度が整備された。

出典：内閣府「男女共同参画白書」令和元年版　警察庁「犯罪被害者白書」令和元年版

4　ハラスメント防止対策の推進

【ハラスメント防止対策が求められる背景】
　近年、労働環境におけるハラスメントが問題となっており、ハラスメント防
止対策は就業継続の観点からも極めて重要となっている。
　また、ハラスメントのなかには、セクシュアルハラスメントやマタニティハ
ラスメント等、性差に起因するものもあり、男女共同参画の観点からも労働環
境におけるハラスメント対策は必要不可欠といえる。

【職場におけるセクシュアルハラスメント防止対策】
　雇用の分野における男女の均等な機会及び待遇の確保等に関する法律（以下、
「均等法」という。）は11条において、セクシュアルハラスメントの相談を含
む労働者からの相談に応じ、適切に対応するために必要な体制の整備をはじめ、
その他の雇用管理上必要な措置を講ずることを事業主に義務づけている。
　均等法上の「職場におけるセクシュアルハラスメントは、「職場」において行
われる、「労働者」の意に反する「性的な言動」に対する労働者の対応により労
働条件について不利益を受けたり、「性的な言動」により就業環境が害されるこ
とを指す。
　ここにいう、「職場」「性的な言動」「労働者」の具体的内容は以下のとおり考
えられている。

①職場

　男女雇用機会均等法が規定するセクシュアルハラスメントは、「職場において行われる」性的な言動によるものである。

　「職場」は、事業主が雇用する労働者が業務を遂行する場所を指す。

　労働者が通常就業している場所以外の場所であっても、取引先の事務所や顧客の自宅、出張先等、労働者が業務を遂行する場所であれば「職場」に含まれる。

　[「職場」に該当する場合の例]

　　・取引先の事務所

　　・取引先と打合せをするための飲食店

　　・顧客の自宅等であるが、当該労働者が業務を遂行する場所　なお、勤務時間外の「宴会」などであっても、実質上職務の延長と考えられるものは「職場」に該当するが、その判断に当たっては、職務との関連性、参加者の範囲、参加が強制的か任意かといったことを考慮して個別に行う必要がある。

　事業主が対応すべき「職場」におけるハラスメントかどうかの判断にあたっては、使用者責任（民法 715 条）に関する裁判例が、職務（事業）と密接な関連性がある行為であれば、使用者の「事業の執行について」行われたと判断していることが参考になる。

②性的な言動

　「性的な言動」とは、性的な内容の発言及び性的な行動を指す。

　[参考知識：性的な内容の発言]

　　「性的な内容の発言」には、性的な事実関係を尋ねることや、性的な内容の情報を意図的に流布することも含まれる。

　　[性的な内容の発言の例]

　　・「スリーサイズはいくつ？」「恋人はいるの？」などと執拗に尋ねる。

　　・恋愛経験を執拗に尋ねる。

　　・性的な発言をしばしば口にする。

　　・執拗に性的な内容のメールを送信する。

　[参考知識：性的な行動の内容]

　　「性的な行動」には、性的な関係を強要すること、必要なく身体に触

ること、わいせつな図画を配布すること等が含まれる。

　　なお、被害労働者が拒否の姿勢を明確にしていなくても、客観的に見て「性的な言動」といえる言動があれば、セクハラに該当しうる。

　　職場におけるセクハラ行為については、被害者が内心でこれに著しい不快感や嫌悪感等を抱きながらも、職場の人間関係の悪化等を懸念して、加害者に対する抗議や抵抗ないし会社に対する被害の申告を差し控えたり躊躇したりすることが少なくないからである（最高裁 H.27.2.26 判決参照）。

③労働者

　職場におけるセクシュアルハラスメントの対象である「労働者」は、事業主が雇用する労働者のすべてをいい、いわゆる非正規労働者も含む。

　なお、派遣労働者については、派遣元事業主のみならず、労働者派遣の役務の提供を受ける者（派遣先事業主）も、その指揮命令の下に労働させる派遣労働者を雇用する事業主とみなされるため（労働者派遣法 47 条の 2）、自ら雇用する労働者と同様に、セクシュアルハラスメントに関し事業主が雇用管理上講ずべき措置を講ずる必要がある。

　セクハラの対象となる「労働者」は女性に限らず、女性だけでなく男性も対象となり、同性に対するものも含まれる。

参照：厚生労働省都道府県労働局雇用均等室　平成 27 年 6 月作成パンフレット

【職場におけるセクシュアルハラスメントの種類】

職場におけるセクシュアルハラスメントには「対価型」と「環境型」がある。

1　対価型セクシュアルハラスメント

　「対価型セクシュアルハラスメント」とは、労働者の意に反する性的な言動に対する労働者の対応（拒否や抵抗）により、その労働者が解雇、降格、減給、労働契約の更新拒否、昇進・昇格の対象からの除外、客観的に見て不利益な配置転換などの不利益を受けることを指す。

　対価型セクシュアルハラスメントの状況は多様であるが、典型的な例として、次のものがあげられる（後述するセクハラ措置指針参照）。

①事務所内において事業主が労働者に対して性的な関係を要求したが、拒

　　否されたため、当該労働者を解雇すること

　②出張中の車中において上司が労働者の腰、胸等に触ったが、抵抗された
　　ため、当該労働者について不利益な配置転換をすること

　③営業所内において事業主が日頃から労働者に係る性的な事柄について公
　　然と発言していたが、抗議されたため、当該労働者を降格すること

2　環境型セクシュアルハラスメント

　「環境型セクシュアルハラスメント」とは、労働者の意に反する性的な言
動により労働者の就業環境が不快なものとなったため、能力の発揮に重大な
悪影響が生じるなどその労働者が就業する上で看過できない程度の支障が生
じることを指す。

　環境型セクシュアルハラスメントの状況も多様であるが、典型的な例とし
て、次のものがあげられる（後述するセクハラ措置指針参照）。

　①事務所内において上司が労働者の腰、胸等に度々触ったため、当該労働
　　者が苦痛に感じてその就業意欲が低下していること

　②同僚が取引先において労働者に係る性的な内容の情報を意図的かつ継続
　　的に流布したため、当該労働者が苦痛に感じて仕事が手につかないこと

　③労働者が抗議をしているにもかかわらず、事務所内にヌードポスターを
　　掲示しているため、当該労働者が苦痛に感じて業務に専念できないこと

参照：厚生労働省都道府県労働局雇用均等室　平成27年6月作成パンフレット

【事業主が雇用管理上講ずべき措置とは】

　職場におけるセクシュアルハラスメントを防止するために、事業主が雇用管
理上講ずべき措置として、厚生労働大臣の指針により以下の10項目が定められ
ている。

〈事業主の方針の明確化及びその周知・啓発〉

　（1）職場におけるセクシュアルハラスメントの内容・セクシュアルハラ
　　　スメントがあってはならない旨の方針を明確化し、管理・監督者を含む
　　　労働者に周知・啓発すること。

　（2）セクシュアルハラスメントの行為者については、厳正に対処する旨
　　　の方針・対処の内容を就業規則等の文書に規定し、管理・監督者を含む

　　労働者に周知・啓発すること。

〈相談（苦情を含む）に応じ、適切に対応するために必要な体制の整備〉

　　(3)　相談窓口をあらかじめ定めること。

　　(4)　相談窓口担当者が、内容や状況に応じ適切に対応できるようにすること。また、広く相談に対応すること。

〈職場におけるセクシュアルハラスメントに係る事後の迅速かつ適切な対応〉

　　(5)　事実関係を迅速かつ正確に確認すること。

　　(6)　事実確認ができた場合には、速やかに被害者に対する配慮の措置を適正に行うこと。

　　(7)　事実確認ができた場合には、行為者に対する措置を適正に行うこと。

　　(8)　再発防止に向けた措置を講ずること。（事実が確認できなかった場合も同様）

〈(1) から (3) までの措置と併せて講ずべき措置〉

　　(9)　相談者・行為者等のプライバシーを保護するために必要な措置を講じ、周知すること。

　　(10)　相談したこと、事実関係の確認に協力したこと等を理由として不利益な取扱いを行ってはならない旨を定め、労働者に周知・啓発すること。

【セクシュアルハラスメントに関連する法制度】

男女雇用機会均等法には、セクハラに関し、次の制度の定めがある。

①職場における性的な言動に起因する問題に関する雇用管理上の措置

　事業主は、職場において行われる性的な言動に対するその雇用する労働者の対応により当該労働者がその労働条件につき不利益を受け、又は当該性的な言動により当該労働者の就業環境が害されることのないよう、当該労働者からの相談に応じ、適切に対応するために必要な体制の整備その他の雇用管理上必要な措置を講じなければならない（11 条）。

②苦情の自主的解決

　事業主は、「性別を理由とする差別」「婚姻、妊娠、出産等を理由とする不利益取扱い」「妊娠中及び出産後の健康管理」（労働者の募集及び採用に係るものを除く。）に関し、労働者から苦情の申出を受けたときは、事業主を代表する者及び当該事業場の労働者を代表する者を構成員とする当該事業場の労

働者の苦情を処理するための「苦情処理機関」に対し当該苦情の処理をゆだねる等その自主的な解決を図るように努めなければならない（15条）。

③紛争解決の援助

　「性別を理由とする差別」「婚姻、妊娠、出産等を理由とする不利益取扱い」「職場における性的な言動に起因する問題」「職場における妊娠、出産等に関する言動に起因する問題」「妊娠中及び出産後の健康管理」を起因とする労働者と事業主間の紛争に関し、当該紛争の当事者の双方又は一方は、都道府県労働局長に対し、その解決につき援助を求めることができる（17条1項）。都道府県労働局長は、援助の求めがあったときは、当事者双方の意見を聴取し、問題解決に必要な具体策の提示（助言・指導・勧告）をし、紛争の解決を図る。

　なお、事業主は、労働者が17条1項の援助を求めたことを理由として、当該労働者に対して解雇その他不利益な取扱いをしてはならない(17条2項)。

　紛争解決の援助は、簡単な手続きで、迅速に、行政機関の援助により紛争解決を図る制度であるといえる。

④機会均等調停会議による調停

　「性別を理由とする差別」「婚姻、妊娠、出産等を理由とする不利益取扱い」「職場における性的な言動に起因する問題」「職場における妊娠、出産等に関する言動に起因する問題」「妊娠中及び出産後の健康管理」についての労働者と事業主との間の紛争（労働者の募集及び採用についての紛争を除く）に関し、当該紛争の当事者（「関係当事者」）は、都道府県労働局（雇用均等室）に調停（機会均等調停会議の調停）の申請ができる（18条1項）。

　事業主は、労働者が18条1項の調停申請をしたことを理由として、当該労働者に対して解雇その他不利益な取扱いをしてはならない（18条2項）。

　調停は、弁護士や大学教授、家庭裁判所家事調停委員、社会保険労務士等の労働問題の専門家3人で構成される調停委員が行い、機会均等調停会議(非公開) を開催して、関係当事者からの意見聴取等を行い、調停案の作成や調停案の受諾勧告等をし、紛争の解決を図る。

　調停会議による調停は、公平、中立性の高い第三者機関の援助により、紛争解決を図る制度であるといえる。

【セクシュアルハラスメント防止対策の実効性の向上】

　男女雇用機会均等法、介護・育児休業法、労働施策総合推進法が改正され、令和2年6月1日より、以下のとおりセクシュアルハラスメント防止対策の実効性の向上が図られることとなった。

　①セクハラ等の防止に関する国・事業主・労働者の責務が明確化され、セクハラ等は行ってはならないものであり、事業主・労働者の責務として、他の労働者に対する言動に注意を払うよう努めるものとされた。

　②事業主にセクハラ等に関して相談した労働者に対して事業主が不利益な取扱いを行うことが禁止された。

　③事業主は、自社の労働者が他社の労働者にセクハラを行い、他社が実施する雇用管理上の措置（事実確認等）への協力を求められた場合にこれに応じるよう努めることとされた。あわせて、自社の労働者が他社の労働者等からセクハラを受けた場合も、相談に応じる等の措置義務の対象となることが指針で明確化される。

　④調停の出頭・意見聴取の対象者が拡大され、セクハラ等の調停制度について、紛争調整委員会が必要を認めた場合には、関係当事者の同意の有無に関わらず、職場の同僚等も参考人として出頭の求めや意見聴取が行えるようになった。

　なお、上記①、②、④については、後述する「妊娠・出産に関するハラスメント」「パワーハラスメント」においても同様に改正が行われた。

　（参照：都道府県労働局　雇用環境・均等部（室）リーフレット「パワーハラスメント対策が事業主の義務となります！〜セクシュアルハラスメント等の防止対策も強化されます〜」

【セクシュアルハラスメントと損害賠償責任】

　①行為者の責任

　　セクハラを直接禁じた法律はないが、セクハラに該当する行為が不法行為となる場合は、加害者である上司や同僚等は、被害労働者に対し、身体・名誉感情、人格権などの侵害による不法行為責任を負い、損害賠償義務を負う（慰謝料が一般的だが、ハラスメント行為により退職に追い込まれた場合には再就職までの賃金相当額などの逸失利益の支払い義務まで認められること

もある）。

②使用者の責任

　従業員によりセクハラが行われた場合は、会社も損害賠償義務を負うことがある。

　　a.　使用者責任（民法 715 条）

　　　「ある事業のために他人を使用する者は、被用者がその事業の執行について第三者に加えた損害を賠償する責任を負う」（民法 715 条本文）。

　　　この責任を「使用者責任」といい、使用者は加害者と連帯して損害賠償責任を負う。

　　b.　使用者固有の損害賠償責任

　　　使用者は、労働者の安全に配慮する義務を負い（「安全配慮義務」。労働契約法 5 条）また、労働者が働きやすい職場環境を整備し保つように配慮すべき義務・良好な職場環境を整備すべき義務（「職場環境配慮義務」・「職場環境整備義務」等）を負うとされている。

　　　セクハラ行為に対し、使用者がこれらの義務を怠ったといえる場合には、使用者は、被害労働者に対し、使用者固有の損害賠償義務（債務不履行責任または不法行為責任）を負う。

【ジェンダーハラスメント】

　「ジェンダーハラスメント」とは、「男らしさ」「女らしさ」という固定的な性差概念（ジェンダー）に基づく性差別である。

　［ジェンダーハラスメントの例］

　・「男なんだから根性みせろよ。お客様が女性には任せられないというから、男である君に任せたんだぞ。」

　・（「いま手が話せないので」と上司の依頼を断ったところ）「頼むよ。女の子はね、こういうときに気持ちよくやってくれると、いいなーってなるんだよ」

　セクシュアルハラスメントは、ジェンダーハラスメントの延長線上にあるといえる。ジェンダーハラスメントを無意識に繰り返すことにより、セクシュア

ルハラスメントを引き起こしている場合がある。

　セクシュアルハラスメントの発生の原因や背景には、性別役割分担意識に基づく言動もあると考えられ、こうした言動をなくしていくことが防止の観点から重要であると考えられる。

【職場における妊娠・出産に関するハラスメント】

　「職場における妊娠・出産等に関するハラスメント」とは、職場において行われる、妊娠・出産したことや育児休業・介護休業等の利用に関する上司・同僚からの言動により、妊娠・出産した女性労働者や育児休業・介護休業等を申出・取得した男女労働者等の就業環境が害されることである。

　ここにいう「職場」についての解釈は、セクシュアルハラスメントと同様である。また、「労働者」は、事業主が雇用する労働者のすべてをいい、いわゆる非正規労働者も含む。

　職場における妊娠、出産等に関するハラスメントには、①男女雇用機会均等法11条の2により規制される女性労働者に対する「職場における妊娠・出産等に関するハラスメント」と、②育児・介護休業法25条により規制される男女労働者に対する「育児休業等に関するハラスメント」がある。

　両者を合わせて、「職場における妊娠・出産・育児休業等に関するハラスメント」と呼ぶこともある。また一般に、これらは「マタニティ・ハラスメント」や、その略称として「マタハラ」等と呼称されることもある。

　厚生労働省の指針では、職場における妊娠、出産等に関するハラスメントを次の2類型に分けている。

[参考資料]

　　厚生労働省の指針：「事業主が職場における妊娠、出産等に関する言動に起因する問題に関して雇用管理上講ずべき措置についての指針」（平成28年厚生労働省告示第312号。妊娠・出産等ハラスメント措置指針）および「子の養育又は家族の介護を行い、又は行うこととなる労働者の職業生活と家庭生活との両立が図られるようにするために事業主が講ずべき措置に関する指針」（平成21年厚生労働省告示第509号。育児・介護休業等ハラスメント措置指針）

187

① 制度等の利用への嫌がらせ型

　雇用する男女労働者による男女雇用機会均等法が対象とする制度・措置（産前休業、母性健康管理措置、育児時間等）又は育児・介護休業法が対象とする制度・措置（育児休業、子の看護休暇、所定労働時間の制限等）の利用に関する言動により、就業環境が害されるもの。

② 状態への嫌がらせ型

　雇用する女性労働者の妊娠又は出産に関する事由に関する言動により就業環境が害されるもの。

【制度等の利用への嫌がらせ型の対象】

　制度等の利用への嫌がらせ型の対象となる労働者は、妊娠・出産に関する制度を利用する（利用しようとする）女性労働者と、育児・介護に関する制度等を利用する（利用しようとする）男女労働者である。

　制度等の利用への嫌がらせ型の対象となる「制度等」は、次のものである（妊娠・出産等ハラスメント措置指針、育児・介護休業等ハラスメント措置指針）。

［男女雇用機会均等法が対象とする制度又は措置（同法施行規則 2 条の 3）］

①	妊娠中及び出産後の健康管理に関する措置（母性健康管理措置-同法 12 条、13 条）
②	坑内業務の就業制限及び危険有害業務の就業制限（労基法 64 条の 2 第 1 号、64 条の 3 第 1 項等）
③	産前休業・産後休業（労基法 65 条 1 項・2 項）
④	妊娠中の軽易な業務への転換（労基法 65 条 3 項）
⑤	妊産婦の時間外労働・休日労働・深夜業の制限（労基法 66 条 2 項 3 項）、変形労働時間制がとられる場合における妊産婦の法定労働時間を超える労働の制限（労基法 66 条 1 項）
⑥	1 歳未満の生児を育てる女性の育児時間（労基法 67 条）（1 日 2 回 30 分ずつ）

[育児・介護休業法が対象とする制度又は措置（同法施行規則 76 条）]

①	育児休業（同法 5 条）
②	介護休業（同法 11 条）
③	小学校就学前の子を養育する労働者の、子の看護休暇（同法 16 条の 2）
④	介護休暇（同法 16 条の 5）
⑤	3 歳未満の子を養育する労働者及び要介護状態にある家族を介護する労働者の、所定外労働の制限（同法 16 条の 8・16 条の 9）
⑥	小学校就学前の子を養育する労働者および要介護状態にある家族を介護する労働者の、月 24 時間、年 150 時間を超える時間外労働の制限（同法 17 条・18 条）
⑦	小学校就学前の子を養育する労働者および要介護状態にある家族を介護する労働者の、深夜業の制限（同法 19 条・20 条）
⑧	3 歳未満の子を養育し育児休業をしていない労働者の、育児のための所定労働時間の短縮措置（法 23 条 1 項）
⑨	一定の要件を満たす 3 歳未満の子を養育する労働者の、始業時刻変更等の措置（法 23 条 2 項）
⑩	要介護状態にある家族を介護し介護休業をしていない労働者の、介護のための所定労働時間の短縮等の措置（法 23 条 3 項）

【制度等の利用への嫌がらせ型の例】

　制度等の利用への嫌がらせ型の状況は多様であるが、典型的な例として、次のものがあげられる（妊娠・出産等ハラスメント措置指針、育児・介護休業等ハラスメント措置指針）。

　①解雇その他不利益な取扱いを示唆するもの

　　労働者が、制度等の措置の求め、請求又は申出（「制度等の利用の請求等」）をしたい旨を上司に相談したこと、制度等の利用の請求等をしたこと、又は制度等の利用をしたことにより、上司がその労働者に対し、解雇その他不利益な取扱いを示唆すること。

②制度等の利用の請求等又は制度等の利用を阻害するもの

　客観的にみて、言動を受けた労働者の制度等の利用の請求等又は制度等の利用が阻害されるものが該当する。

　（イ）労働者が制度等の利用の請求等をしたい旨を上司に相談したところ、上司が当該労働者に対し、当該請求等をしないよう言うこと。

　（ロ）労働者が制度等の利用の請求等をしたところ、上司が当該労働者に対し、当該請求等を取り下げるよう言うこと。

　（ハ）労働者が制度等の利用の請求等をしたい旨を同僚に伝えたところ、同僚が当該労働者に対し、繰り返し又は継続的に当該請求等をしないよう言うこと（当該労働者がその意に反することを当該同僚に明示しているにもかかわらず、更に言うことを含む。）。

　（ニ）労働者が制度等の利用の請求等をしたところ、同僚が当該労働者に対し、繰り返し又は継続的に当該請求等を取り下げるよう言うこと（当該労働者がその意に反することを当該同僚に明示しているにもかかわらず、更に言うことを含む。）。

③制度等の利用をしたことにより嫌がらせ等をするもの

　客観的にみて、言動を受けた労働者の能力の発揮や継続就業に重大な悪影響が生じる等当該労働者が就業する上で看過できない程度の支障が生じるようなものが該当する。

　　※労働者が制度等の利用をしたことにより、上司又は同僚が当該労働者に対し、繰り返し又は継続的に嫌がらせ等（嫌がらせ的な言動、業務に従事させないこと又は専ら雑務に従事させることをいう。）をすること（当該労働者がその意に反することを当該上司又は同僚に明示しているにもかかわらず、更に言うことを含む。）。

【状態への嫌がらせ型の対象】

　状態への嫌がらせ型の対象となる労働者は、妊娠等した女性労働者である。また、状態への嫌がらせ型の対象となる「妊娠又は出産に関する事由」（状態）は、次の事由である（男女雇用機会均等法施行規則2条の3）。

①	妊娠したこと
②	出産したこと
③	妊産婦の坑内業務の就業制限／危険有害業務の就業制限の規定により業務に就くことができないこと／これらの業務に従事しなかったこと（労基法64条の2第1号、64条の3第1項等）
④	産後の就業制限の規定により就業できないこと／産後の就業制限の規定による休業をしたこと（労基法65条1項・2項）
⑤	妊娠又は出産に起因する症状により労務の提供ができないこと若しくはできなかったこと又は労働能率が低下したこと（同規則2条の3第9号） ※「妊娠又は出産に起因する症状」とは、つわり、妊娠悪阻、切迫流産、出産後の回復不全等、妊娠又は出産をしたことに起因して妊産婦に生じる症状をいう。

【状態への嫌がらせ型の例】

　状態への嫌がらせ型の状況も多様であるが、典型的な例として、次のものがあげられる（妊娠・出産等ハラスメント措置指針）。

①解雇その他不利益な取扱いを示唆するもの

　女性労働者が妊娠等したことにより、上司が当該女性労働者に対し、解雇その他不利益な取扱いを示唆すること。

②妊娠等したことにより嫌がらせ等をするもの

　客観的にみて、言動を受けた女性労働者の能力の発揮や継続就業に重大な悪影響が生じる等当該女性労働者が就業する上で看過できない程度の支障が生じるようなものが該当する。

　　※女性労働者が妊娠等したことにより、上司又は同僚が当該女性労働者に対し、繰り返し又は継続的に嫌がらせ等をすること（当該女性労働者がその意に反することを当該上司又は同僚に明示しているにもかかわらず、更に言うことを含む。）。

【職場における妊娠・出産等に関するハラスメントの紛争解決に関する法制度】

　男女雇用機会均等法および育児・介護休業法には、職場における妊娠・出産等に関するハラスメントの紛争解決に関し、次の制度の定めがある。

①苦情の自主的解決

　　事業主は、「性別を理由とする差別」「婚姻、妊娠、出産等を理由とする不利益取扱い」「妊娠中及び出産後の健康管理」（労働者の募集及び採用に係るものを除く。）に関し、労働者から苦情の申出を受けたときは、事業主を代表する者及び当該事業場の労働者を代表する者を構成員とする当該事業場の労働者の苦情を処理するための「苦情処理機関」に対し当該苦情の処理をゆだねる等その自主的な解決を図るように努めなければならない（同法15条）。

②都道府県労働局長による紛争解決の援助

　　男女雇用機会均等法における「性別を理由とする差別」「婚姻、妊娠、出産等を理由とする不利益取扱い」「職場における性的な言動に起因する問題」「職場における妊娠、出産等に関する言動に起因する問題」「妊娠中及び出産後の健康管理」を起因とする労働者と事業主間の紛争に関し、当該紛争の当事者の双方又は一方は、都道府県労働局長に対し、その解決につき援助を求めることができる（同法17条1項）。

　　また、育児・介護休業法における「職場における育児休業等に起因する言動に関する雇用管理上の措置」「育児休業」「介護休業」「子の看護休暇」「介護休暇」「所定外労働時間の制限」「時間外労働の制限」「深夜業の制限」「所定労働時間の短縮措置等」「労働者の配置に関する配慮」を起因とする労働者と事業主間の紛争に関し、当該紛争の当事者の双方又は一方は、都道府県労働局長に対し、その解決につき援助を求めることができる（同法52条の4第1項）。

　　都道府県労働局長は、これらの援助の求めがあったときは、当事者双方の意見を聴取し、問題解決に必要な具体策の提示（助言・指導・勧告）をし、紛争の解決を図る。

　　事業主は、労働者が上記援助を求めたことを理由として、当該労働者に対して解雇その他不利益な取扱いをしてはならない（男女雇用機会均等法17条2項、育児・介護休業法52条の4第2項）。

③機会均等調停会議・両立支援調停会議による調停

　男女雇用機会均等法における「性別を理由とする差別」「婚姻、妊娠、出産等を理由とする不利益取扱い」「職場における性的な言動に起因する問題」「職場における妊娠、出産等に関する言動に起因する問題」「妊娠中及び出産後の健康管理」についての労働者と事業主との間の紛争（労働者の募集及び採用についての紛争を除く）に関し、当該紛争の当事者（「関係当事者」）は、都道府県労働局（雇用均等室）に調停（機会均等調停会議の調停）の申請ができる（同法 18 条 1 項）。

　また、育児・介護休業法における「職場における育児休業等に起因する言動に関する雇用管理上の措置」「育児休業」「介護休業」「子の看護休暇」「介護休暇」「所定外労働時間の制限」「時間外労働の制限」「深夜業の制限」「所定労働時間の短縮措置等」「労働者の配置に関する配慮」を起因とする労働者と事業主間の紛争に関し、当該紛争の当事者は、都道府県労働局（雇用均等室）に調停（両立支援調停会議の調停）の申請ができる（同法 52 条の 5）第 1 項）。

　事業主は、労働者が機会均等調停会議または両立支援調停会議の調停の申請をしたことを理由として、当該労働者に対して解雇その他不利益な取扱いをしてはならない（男女雇用機会均等法 18 条 2 項、育児・介護休業法 52 条の 5 第 2 項））。

　調停は、弁護士や大学教授、家庭裁判所家事調停委員、社会保険労務士等の労働問題の専門家 3 人で構成される調停委員が行い、機会均等調停会議または両立支援調停会議（非公開）を開催して、関係当事者からの意見聴取等を行い、調停案の作成や調停案の受諾勧告等をし、紛争の解決を図る。

【職場における妊娠・出産、育児休業・介護休業等に関するハラスメントの防止措置義務】

　平成 29 年 1 月 1 日より施行された改正男女雇用機会均等法および改正育児・介護休業法により、事業主は、妊娠・出産、育児休業・介護休業等に関するハラスメントがないよう、労働者からの相談に応じ、適切に対応するために必要な体制の整備その他の雇用管理上必要な措置を講じなければならないこととされた（男女雇用機会均等法 11 条の 2、育児・介護休業法 25 条）。

　なお、いずれの措置も内容は同じだが、男女雇用機会均等法 11 条の 2 は女性

労働者を保護対象とし、育児・介護休業法 25 条は育児・介護をする男女労働者
を保護対象としている。

①男女雇用機会均等法が規定する雇用管理上の措置義務

　　事業主は、職場において行われるその雇用する女性労働者に対する当該女
性労働者が妊娠したこと、出産したこと、産前産後休業その他の妊娠又は出
産に関する制度又は措置を利用したことその他の妊娠又は出産に関する事由
に関する言動により当該女性労働者の就業環境が害されることのないよう、
当該労働者からの相談に応じ、適切に対応するために必要な体制の整備その
他の雇用管理上必要な措置を講じなければならない（同法 11 条の 2）。

②育児・介護休業法が規定する雇用管理上の措置義務

　　事業主は、職場において行われるその雇用する労働者に対する育児休業、
介護休業その他の子の養育又は家族の介護に関する厚生労働省令で定める制
度又は措置の利用に関する言動により当該労働者の就業環境が害されること
のないよう、当該労働者からの相談に応じ、適切に対応するために必要な体制
の整備その他の雇用管理上必要な措置を講じなければならない（同法 25 条）。

【事業主が講ずべき措置とは】

　職場における妊娠・出産・育児休業等に関するハラスメントを防止するため
に、事業主が雇用管理上講ずべき措置として、厚生労働大臣の指針により以下
の 10 項目が定められている（厚生労働省 都道府県労働局雇用環境・均等部（室）
平成 29 年 7 月作成パンフレット No.10 参照）。

〈事業主の方針の明確化及びその周知・啓発〉

(1) 妊娠・出産・育児休業等に関するハラスメントの内容、妊娠・出産等、育
　児休業等に関する否定的な言動が職場における妊娠・出産・育児休業等に関
　するハラスメントの発生の原因や背景となり得ること、妊娠・出産・育児休
　業等に関するハラスメントがあってはならない旨の方針、制度等の利用がで
　きることを明確化し、管理・監督者を含む労働者に周知・啓発すること。

(2) 妊娠・出産・育児休業等に関するハラスメントに係る言動を行った者につ
　いては、厳正に対処する旨の方針・対処の内容を就業規則等の文書に規定し、
　管理・監督者を含む労働者に周知・啓発すること。

〈相談（苦情を含む）に応じ、適切に対応するために必要な体制の整備〉

(3)　相談窓口をあらかじめ定めること。

(4)　相談窓口担当者が、内容や状況に応じ適切に対応できるようにすること。また、妊娠・出産・育児休業等に関するハラスメントが現実に生じている場合だけでなく、その発生のおそれがある場合や、妊娠・出産・育児休業等に関するハラスメントに該当するか否か微妙な場合であっても広く相談に対応すること。

〈職場におけるハラスメントに係る事後の迅速かつ適切な対応〉

(5)　事実関係を迅速かつ正確に確認すること。

(6)　事実確認ができた場合には、速やかに被害者に対する配慮の措置を適正に行うこと。

(7)　事実確認ができた場合には、行為者に対する措置を適正に行うこと。

(8)　再発防止に向けた措置を講ずること。

〈職場における妊娠・出産等に関するハラスメントの原因や背景となる要因を解消するための措置〉

(9)　業務体制の整備など、事業主や妊娠等した労働者その他の労働者の実情に応じ、必要な措置を講ずること。

〈併せて講ずべき措置〉

(10)　相談者・行為者等のプライバシーを保護するために必要な措置を講じ、周知すること。

(11)　相談したこと、事実関係の確認に協力したこと等を理由として不利益な取扱いを行ってはならない旨を定め、労働者に周知・啓発すること。

【職場におけるパワーハラスメント】

　「職場のパワーハラスメント（パワハラ）」とは、同じ職場で働く者に対して、職務上の地位や人間関係などの職場内の優位性を背景に、業務の適正な範囲を超えて、身体的もしくは精神的な苦痛を与えること、または就業環境を害することである。

　厚生労働省は、パワハラ情報総合サイト「明るい職場応援団」を運営するほか、「パワーハラスメント対策導入マニュアル」（以下、「パワハラ対策マニュアル」という。）を公表して、企業がパワーハラスメント対策の基本的な枠組みを

構築するにあたって参考となるツール・情報等を提供している。

　パワハラ対策マニュアルにおいては、職場における、優越的な関係を背景とした言動であって、業務上必要かつ相当な範囲を超えたものにより、労働者の身体的もしくは精神的な苦痛を与えること、または就業環境が害されることをパワーハラスメントとしている。

　それぞれの文言の具体的内容は以下である。

①職場

　「職場」とは、社員等が業務を遂行する場所をいう。

　「職場」についての解釈は、セクシュアルハラスメントにいう「職場」と同様である。

②優位性を背景に

　「優位性を背景に」とは、行為を受ける者が行為者に対して抵抗・拒絶できない蓋然性が高い関係に基づいて行われることである（パワハラ対策マニュアル）。

　上司から部下のような「職務上の地位」に限らず、人間関係や専門知識、経験などの様々な関係による優位性が含まれる。

　例えば、同僚・部下からの集団による行為で、行為者が業務上必要な知識・経験を有し、行為者の協力を得なければ業務の円滑な遂行を行うことが困難である場合も、優位性を背景にしたといえる（パワハラ対策マニュアル）。

③業務の適正な範囲を超えて

　「業務の適正な範囲を超えて」とは、社会通念に照らし、当該行為が明らかに業務上の必要性がない、又はその態様が相当でないものであることをいう（パワハラ対策マニュアル）。

　例えば、上司は、自らの職位・職能に応じて権限を発揮し、部下に対して業務上の指揮監督や教育指導を行い、上司としての役割を遂行することが求められるから、業務上の必要な指示や注意・指導が相当な範囲で行われている場合には、叱責等があったとしてもパワーハラスメントにあたらない。

　[業務の適正な範囲を超えて行われる例]

　・業務上明らかに必要のない行為

　・業務の目的を大きく逸脱した行為

　・業務遂行の手段として不適当な行為

196

・行為の回数、行為者の数、態様・手段が社会通念に照らして許容される範囲を超える行為

④身体的もしくは精神的な苦痛を与えること、または就業環境を害すること

「身体的もしくは精神的な苦痛を与えること、または就業環境を害すること」とは、行為を受けた者が身体的もしくは精神的に圧力を加えられ負担と感じること、又は行為を受けた者の職場環境が不快なものとなったため、能力の発揮に重大な悪影響が生じる等、当該労働者が就業する上で看過できない程度の支障が生じることである（パワハラ対策マニュアル）。

その判断にあたっては、「平均的な労働者の感じ方」を基準とする。

［該当例］

・暴力により障害を負わせる行為

・何度も大声で怒鳴る、激しい叱責を執拗に繰り返す等により、恐怖を感じさせる行為

・著しい暴言を吐く等により、人格を否定する行為

・長期にわたる無視等により、就業意欲を低下させる行為

【パワーハラスメントの行為類型】

パワハラ対策マニュアルは、パワーハラスメントの主な行為類型として、以下の6類型をあげている。

もっとも、実際のパワーハラスメントは以下の6類型に限られるものではなく、各類型が複合している場合もある。また、特に⑥私的なことに過度に立ち入ることという類型は、セクシュアルハラスメントにも該当し得る。

①暴行・傷害（身体的な攻撃）

［例］

・唾を吐かれたり、物を投げつけられたり蹴られたりした

・丸めたポスターで頭を叩かれた

・痛いと言ったところを冗談っぽくわざと叩かれた

②脅迫・名誉棄損・侮辱・ひどい暴言（精神的な攻撃）

［例］

・いること自体が会社に対して損害だと大声で言われた

・ミスしたら現金に換算し支払わせられた

・同僚の目の前で叱責される

・他の従業員も宛先に含めてメールで罵倒される

③隔離・仲間はずし・無視（人間関係からの切り離し）

　［例］

・今まで参加していた会議から外される

・一人だけ別室に移される

・強制的に自宅研修を命じられる

・職場での会話の無視や飲み会などに一人だけ誘われない

・他の部下には雑談や軽口をしているが、自分とは業務の話以外一切しない

④職務上明らかに不要なことや遂行不可能ことの強制、仕事の妨害（過大な要求）

　［例］

・長期間にわたり、多大な業務量を強いられ、残業が継続する

・明らかに管理者の業務であるにもかかわらず、業務命令で仕事を振られる

・絶対にできない仕事を、管理職ならやるべきと強制される

⑤職務上の合理性がなく、能力や経験とかけ離れた程度の低い仕事を命じられることや仕事を与えないこと（過少な要求）

　［例］

・運転手なのに営業所の草むしりだけを命じられる

・管理職に誰でも遂行可能な業務を行わせる

・事務職なのに倉庫業務だけを命じられる

・一日中掃除しかさせられない日々がある

・入社当時に期待・希望していた事とかけ離れた事務処理ばかりさせられる

⑥私的なことに過度に立ち入ること（個の侵害）

　［例］

・出身校や家庭の事情等をしつこく聞かれる

・交際相手について執拗に問われる

・接客態度がかたいのは彼氏がいないからだと言われた

・引っ越したことを皆の前で言われ、おおまかな住所まで言われた

・配偶者に対する悪口を言われる

・思想・心情を理由として、集団で同僚1人に対して、職場内外で継続的に監視したり、他の社員に接触しないよう働きかけたり、私物の写真撮影をしたりする

【パワーハラスメント対策として事業主が講ずべき措置】

　労働施策総合推進法が改正され、令和2年6月1日より、職場におけるパワーハラスメント防止のために、雇用管理上必要な措置を講じることが事業主の義務となり、適切な措置を講じていない場合には是正指導の対象となる（ただし、中小事業主は、公布後3年以内の政令で定める日（令和4年3月31日）までは努力義務とされる）。

　事業主が講ずべき措置の具体的内容等については、今後指針において示される予定だが、事業主によるパワハラ防止の社内方針の明確化と周知・啓発、苦情などに対する相談体制の整備、被害を受けた労働者へのケアや再発防止等が考えられている（都道府県労働局　雇用環境・均等部（室）ハラスメント改正周知用リーフレット）。

【パワーハラスメントを受けたと感じた場合の心身への影響】

　平成28年度厚生労働省委託事業「職場のパワーハラスメントに関する実態調査報告書」によると、パワーハラスメントを受けたと感じた場合の心身への影響としては「怒りや不満、不安などを感じた」（75.6%）という回答の割合が最も高く、次いで「仕事に対する意欲が減退した」（68.0%）「職場でのコミュニケーションが減った」（35.0%）と続く。

　上記回答と比較して低い割合ではあるものの、「眠れなくなった」（23.3%）「通院したり服薬をした」（12.3%）と、パワーハラスメントによって身体に影響が生じたとする回答もみられ、パワーハラスメントによる深刻な被害の実態が明らかになっている。

課題6　教育による意識改革

1　国民的広がりを持った広報・啓発活動

【イクメンプロジェクト】

　「イクメン」とは、子育てを楽しみ、自分自身も成長する男性、または、将来そのような人生を送ろうと考えている男性のことである。

　厚生労働省は、働く男性が、育児をより積極的にすることや、育児休業を取得することができるよう、2010年から、社会の気運を高めることを目的としたプロジェクトである「イクメンプロジェクト」を推進している。

【イクボス宣言】

　「イクボス」とは、部下が育児と仕事を両立できるよう配慮したり、育休取得や短時間勤務などを行っても業務を滞りなく進めるために業務効率を上げ、自らも仕事と生活を充実させている上司（経営者・管理職）である。

　女性活躍や男性の育児参加を推進するためには、定時退社や育児休暇取得などに対する上司の理解や働きかけが重要である。そこで、厚生労働省では、イクボスとしての宣言を対外的に行う「イクボス宣言」を推奨している。

【男女共同参画週間】

　内閣府では、平成13（2001）年度から「男女共同参画週間」（毎年6月23日から同月29日まで）を実施している。この週間に際して、「男女共同参画社会づくりに向けての全国会議」、「男女共同参画社会づくり功労者内閣総理大臣表彰」、「女性のチャレンジ賞表彰」（内閣府特命担当大臣（男女共同参画）表彰）を始めとした各種の広報・啓発活動を行っている。

2　男女共同参画を推進し多様な選択を可能にする教育・学習

【多様な選択を可能にする教育・学習が求められる背景】

　自己啓発の重要性は【仕事以外の活動（自己啓発活動）】で述べたところである。

　自己啓発は現在の仕事に役立つのみならず、キャリアアップや、ライフイベン

ト等による休職から復職する際のキャリア形成方法の一つでもあり、経済分野における女性の参画拡大に資する。

　また、経済分野に限らず、学びは多様な分野への女性参画拡大にも寄与し、こうした学びが可能となる環境整備が女性活躍の観点から求められているといえる。

【企業における学び】

　内閣府委託調査「多様な選択を可能にする学びに関する調査」によると、現在の仕事に必要な知識・技能は、男女共に約8割の人が、仕事をする中で身に付けたとしており、勤め先において得られる学びが果たす役割が大きいことがうかがわれる。

　また、独立行政法人労働政策研究・研修機構「多様な働き方の進展と人材マネジメントの在り方に関する調査」で、正社員において、勤め先企業における研修が研修内容ごとにどの程度実施されているかを見ると、全ての項目について女性の実施状況が男性の実施状況より低い水準となっており、企業内における女性の仕事やキャリアアップに対する支援は男性よりも少ないという現状がうかがわれる。

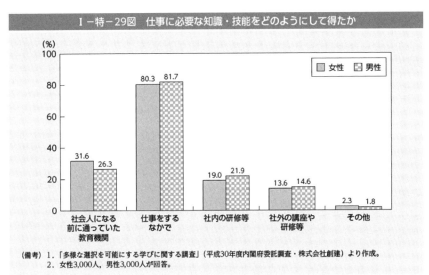

Ⅰ－特－29図　仕事に必要な知識・技能をどのようにして得たか

（備考）1.「多様な選択を可能にする学びに関する調査」（平成30年度内閣府委託調査・株式会社創建）より作成。
　　　　2. 女性3,000人，男性3,000人が回答。

出典：内閣府「男女共同参画白書」令和元年版

201

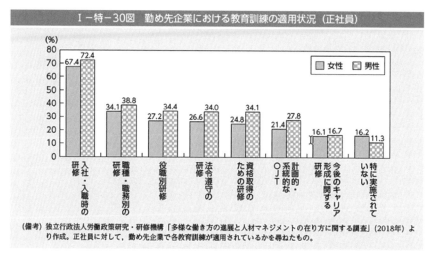

Ⅰ－特－30図　勤め先企業における教育訓練の適用状況（正社員）

(備考) 独立行政法人労働政策研究・研修機構「多様な働き方の進展と人材マネジメントの在り方に関する調査」(2018年) より作成。正社員に対して、勤め先企業で各教育訓練が適用されているかを尋ねたもの。

出典：内閣府「男女共同参画白書」令和元年版

【仕事のための学びに必要なことに関する調査】
　内閣府委託調査「多様な選択を可能にする学びに関する調査」の、仕事のための学びに必要なことについて見ると、女性は「経済的な支援があること」が最も多く、次いで、30代は「家事・育児・介護などにかかる負担が少なくなること」、それ以外の世代は「仕事にかかる負担が少なくなること」となっている。
　その一方で男性は、「仕事にかかる負担が少なくなること」が最も多く、次いで「経済的な支援があること」となっている。
　同じ項目を男女で比較すると、いずれの世代も「家事・育児・介護などにかかる負担が少なくなること」の男女差が大きく、女性に家事・育児等の負担が偏っている現状が、仕事のための学びについても影響を及ぼしていることが明らかになった。

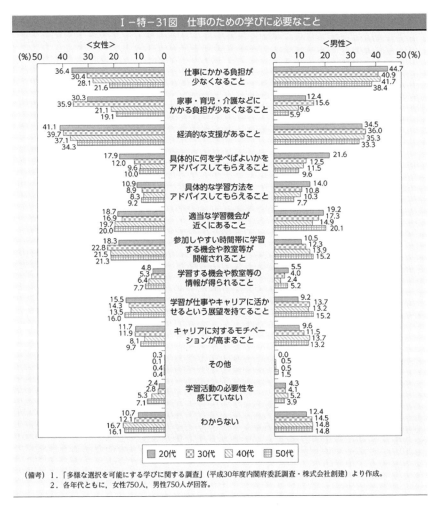

I－特－31図　仕事のための学びに必要なこと

＜女性＞　　　　　　　　　　　　　　　　　　　　　　＜男性＞
(%)50　40　30　20　10　0　　　　　　　　　　　0　10　20　30　40　50(%)

仕事にかかる負担が少なくなること
女性：36.4／30.4／28.1／21.6
男性：44.7／40.9／41.7／38.4

家事・育児・介護などにかかる負担が少なくなること
女性：30.3／35.9／21.1／19.1
男性：12.4／15.6／9.6／5.9

経済的な支援があること
女性：41.1／39.7／37.1／34.3
男性：34.5／36.0／35.3／33.3

具体的に何を学べばよいかをアドバイスしてもらえること
女性：17.9／12.0／9.6／10.0
男性：21.6／12.5／11.5／9.6

具体的な学習方法をアドバイスしてもらえること
女性：10.9／8.9／8.3／9.2
男性：14.0／10.8／10.3／7.7

適当な学習機会が近くにあること
女性：18.7／16.9／19.7／20.0
男性：19.2／17.3／14.9／20.1

参加しやすい時間帯に学習する機会や教室等が開催されること
女性：18.3／22.8／21.5／21.3
男性：10.5／12.4／13.9／15.2

学習する機会や教室等の情報が得られること
女性：4.8／5.3／6.4／7.7
男性：5.5／4.0／2.4／5.2

学習が仕事やキャリアに活かせるという展望を持てること
女性：15.5／14.3／13.5／16.0
男性：9.2／13.7／13.2／15.2

キャリアに対するモチベーションが高まること
女性：11.7／11.9／8.1／9.7
男性：9.6／11.5／13.7／13.2

その他
女性：0.3／0.1／0.4／0.4
男性：0.0／0.5／0.5／1.5

学習活動の必要性を感じていない
女性：2.4／2.8／5.3／7.1
男性：4.3／4.1／5.2／3.9

わからない
女性：10.7／12.1／16.7／16.1
男性：12.4／14.5／14.8／14.8

■ 20代　☒ 30代　☐ 40代　⊞ 50代

(備考) 1．「多様な選択を可能にする学びに関する調査」(平成30年度内閣府委託調査・株式会社創建) より作成。
2．各年代ともに、女性750人、男性750人が回答。

出典：内閣府「男女共同参画白書」令和元年版

【リカレント教育】

　「リカレント教育」とは、「学校教育」を、人々の生涯にわたって、分散させようとする理念であり、その本来の意味は、「職業上必要な知識・技術」を修得するために、フルタイムの就学と、フルタイムの就職を繰り返すことである（日本では、長期雇用の慣行から、本来の意味での「リカレント教育」が行われることは稀である）。

　我が国では、一般的に、「リカレント教育」を諸外国より広くとらえ、働きながら学ぶ場合、心の豊かさや生きがいのために学ぶ場合、学校以外の場で学ぶ場合もこれに含めている。

　（https://www.mext.go.jp/b_menu/hakusho/html/hpad199501/hpad199501_2_093.html）（文部科学省ホームページより）

【リカレント教育の必要性】

　我が国では、正社員だった女性が育児で一旦離職すると、復職や再就職を目指す際に、過去の経験、職業能力を活かせない職業に就かざるを得ないことが多く、労働生産性の向上の点でも問題を生じさせている。

　大学等における職務遂行能力向上に資するリカレント教育を受け、その後再就職支援を受けることで、一人ひとりのライフステージに合った仕事を選択しやすくするという利点がある。

　そこで、働き方改革実行計画においては、リカレント教育に関し次の具体的な施策を掲げ、女性のリカレント教育推進に寄与している。

・女性のリカレント教育など個人の主体的な学び直し講座の受講支援
・学び直し講座の充実・多様化
・女性リカレント講座の増設等
・企業による教育訓練の実施拡大
・体系的なキャリア教育の推進と実践的な職業教育を行う専門職大学の創設など職業教育の充実

【社会人学生の学び直しの目的に関する調査】

　文部科学省委託事業「社会人の大学等における学び直しの実態把握に関する調査研究」を見ると、社会人学生の学び直しの目的は男女ともに「現在の職務を支える広い知見・視野を得るため」が最も多く、その他にも現在の職務に生かすことを目的としているものが多い。

　なおそれに伴い、社会人学生が学んでいる専攻分野は、現在勤めている職場の業種と関連するものとなり、女性は「保健」が多く 24.7%、男性は「工学」が多く 24.4%となっている。

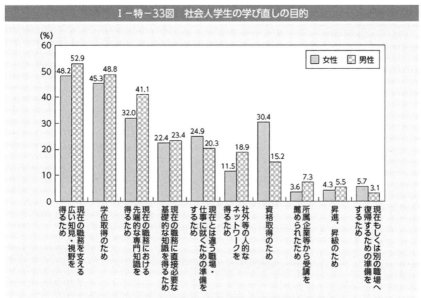

Ⅰ－特－33図　社会人学生の学び直しの目的

(%)

凡例：□ 女性　□ 男性

- 現在の職務を支える広い知見・視野を得るため　女性 48.2　男性 52.9
- 学位取得のため　女性 45.3　男性 48.8
- 現在の職務における先端的な専門知識を得るため　女性 32.0　男性 41.1
- 現在の職務に直接必要な基礎的な知識を得るため　女性 22.4　男性 23.4
- 現在とは違う職場・仕事に就くための準備をするため　女性 24.9　男性 20.3
- 社外等の人的なネットワークを得るため　女性 11.5　男性 18.9
- 資格取得のため　女性 30.4　男性 15.2
- 所属企業等から受講を薦められたため　女性 3.6　男性 7.3
- 昇進，昇級のため　女性 4.3　男性 5.5
- 現在もしくは別の職場へ復帰するための準備をするため　女性 5.7　男性 3.1

(備考)「社会人の大学等における学び直しの実態把握に関する調査研究」(平成27年度文部科学省委託事業・イノベーション・デザイン&テクノロジーズ(株)) より作成。

出典：内閣府「男女共同参画白書」令和元年版

【社会人学生・企業が大学などに教育環境面で求める事項】

　厚生労働省「平成30年版労働経済の分析」より、社会人学生・企業が大学などに教育環境面で求める事項をみると、社会人学生における最も割合の高い回答は「授業料を安く設定すること」(44.2%) 次いで「夜間、土日、休日等の社会人に配慮した時間帯での授業を開講していること」(43.2%) である一方で、企業は「夜間、土日、休日等の社会人に配慮した時間帯での授業を開講していること」(47.9%) が最も高く、次いで「短期間で修了できるコースを充実させること」(39.1%) が高かった。

　社会人学生が経済的負担の少ない形での教育を求めているのに対し、企業は本業に支障が出にくい形で授業日程や期間が設定されていることを求めているという実態が明らかになった。

【学び直しのための機会や方法についての認知度に関する調査】

　内閣府委託調査「多様な選択を可能にする学びに関する調査」によると、社会人の学び直しのための機会や方法についての認知度は低い水準にとどまっており、最も認知度の高かった「放送大学」での学び直しについても、3割程度であった。

　上述のとおり働き方改革においてもリカレント教育の重要性は認識されており、今後の認知度の向上が期待される。

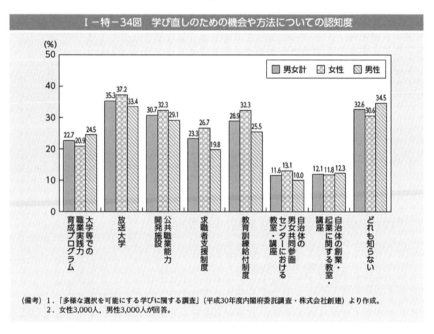

出典：内閣府「男女共同参画白書」令和元年版

【社会人の学びの理由】

　内閣府委託調査「多様な選択を可能にする学びに関する調査」により、学びの理由について見ると、男女ともに「仕事のために学んだ／学んでいる」とする回答が最も多いが、女性では年代が上がるにつれて徐々に減少する傾向にある。

　同じ項目を男女で比較すると、「家庭のために学んだ／学んでいる」とする割合は女性の方が全ての世代で高い。一方で、「地域活動や社会貢献活動のために

学んだ／学んでいる」とする割合は、男性の方が全ての世代で高く、特に男性
20代がどの世代よりも高くなっている。

　「家庭のために学んだ／学んでいる」とする女性が多い背景として、家事・
育児の負担が女性に偏っている現状や、固定的な性別役割分担意識が学びの理
由にも影響を及ぼしていることがうかがわれる。

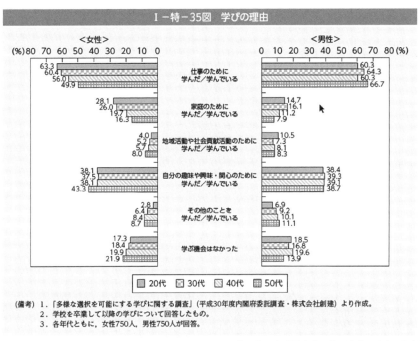

Ⅰ−特−35図　学びの理由

（備考）1.「多様な選択を可能にする学びに関する調査」（平成30年度内閣府委託調査・株式会社創建）より作成。
　　　　2. 学校を卒業して以降の学びについて回答したもの。
　　　　3. 各年代ともに、女性750人、男性750人が回答。

出典：内閣府「男女共同参画白書」令和元年版

【仕事以外の活動のための学びの方法】
　内閣府委託調査「多様な選択を可能にする学びに関する調査」により、仕事
以外の活動のための学びの方法を見ると、男女ともに「読書やインターネット
で検索して」とする回答が圧倒的に多いが、女性は「民間の講座・教室等を利
用して」が、男性では「ウェブ上の学習サービスを利用して」がこれに続いて
いる。

　同じ項目を男女で比較すると、「民間の講座・教室等を利用して」とする割合
は女性の方がすべての世代で高いが、特に40代で男女差が大きくなっている。

　民間の講座・教室での学びについて、特に女性が活用していることが明らか
になった。

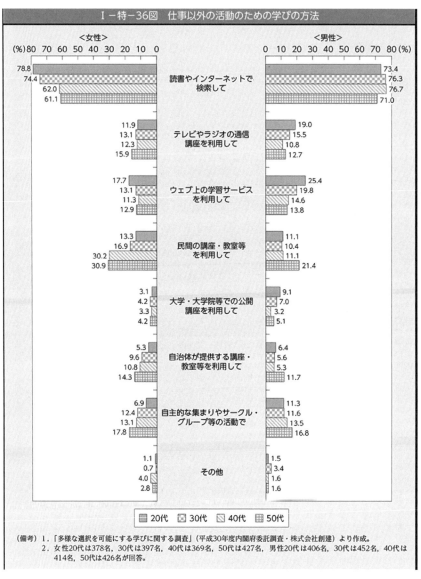

【仕事以外の活動のための学びの効果】

　内閣府委託調査「多様な選択を可能にする学びに関する調査」により、仕事以外の活動のための学びの効果についてみると、男女とも、「趣味・教養が深まる、関心が広がる」が圧倒的に多いが、「生きがいや余暇の充実につながる」がこれに続いている。

　女性では「日々の暮らしに役に立つ」が 3 位で、男性では「様々な意見・価値観を知ることができる」が3位となっている。同じ項目を男女で比較すると、「日々の暮らしに役に立つ」とする割合は女性の方がすべての世代で高く、「地域への関心が高まる」とする割合は男性の方がすべての世代で高くなっている。

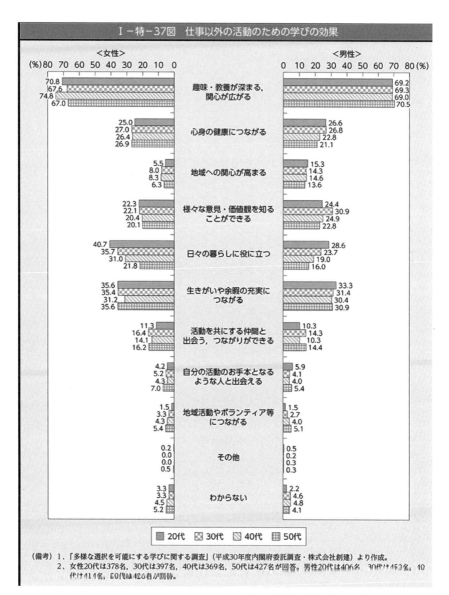

Ⅰ－特－37図　仕事以外の活動のための学びの効果

出典：内閣府「男女共同参画白書」令和元年版

210

【今後学習したい内容に関する調査】

　内閣府「生涯学習に関する世論調査」（平成 30 年）により、今後学習したい内容について男女差が比較的大きいものを見ると、女性では「趣味的なもの（音楽、美術、華道、舞踊、書道、レクリエーション活動など）」、「家庭生活に役立つ技能（料理、洋裁、和裁、編み物など）」、「育児・教育（家庭教育、幼児教育、教育問題など）」が高い一方で、男性では「職業上必要な知識・技能（仕事に関係のある知識の習得や資格の取得など）」、「教養的なもの（文学、歴史、科学、語学など）」、「インターネットに関すること（プログラムの使い方、ホームページの作り方など）」、「社会問題に関するもの（社会・時事、国際、環境など）」が高くなっている。

　このように、男女とも、学びの理由については「仕事のために学んだ／学んでいる」、仕事以外の活動のための学びの効果については「趣味・教養が深まる、関心が広がる」との回答がもっとも多かったにも関わらず、その内容は、男性が仕事で利用、活用するものに対する学習意欲が高いのに対して、女性は趣味や家事に関連するものへの学習意欲が高い。

　なお、女性では「職業上必要な知識・技能（仕事に関係のある知識の習得や資格の取得など）」が 4 位、「教養的なもの（文学、歴史、科学、語学など）」が 5 位と続いている。

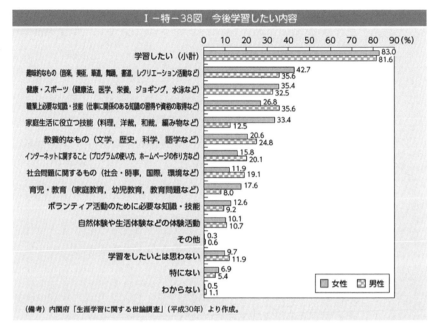

Ｉ－特－38図　今後学習したい内容

（備考）内閣府「生涯学習に関する世論調査」（平成30年）より作成。

出典：内閣府「男女共同参画白書」令和元年版

3　学校教育及びメディアの分野への女性の参画拡大

【学校教育及びメディアの分野における女性の参画拡大の位置づけ】

　男女共同参画社会基本法に基づき、平成27年12月25日に閣議決定された第4次男女共同参画基本計画においては、学校教育及びメディアの分野における女性の参画拡大について以下のとおり位置づけている。

　①広報・啓発活動の重要性

　　男女共同参画社会を実現していく上で、人々の意識の中に形成された性別に基づく固定的な役割分担意識、性差に関する偏見の解消や人権尊重を基盤とした男女平等観の形成などが大きな課題となっており、国民の理解を促すための教育及び広報・啓発活動は、他の全ての取組の根幹をなす基盤的な施策と言える。

　　なかでも男性の意識改革は男性自身にとっても重要であり、男性がより暮らしやすくなるものでもある点に留意する必要がある。

②メディアの役割

　効果的に上記国民の理解を促進していくためには、国民一人一人の生涯の中で、職場、家庭、地域、学校、メディア等あらゆる場と媒体を通じた広報・啓発活動が総合的に実施されること、幼児から高齢者に至る幅広い層の発達段階を踏まえ、親しみやすく分かりやすいものとすることが必要である。

③メディアに求められている規制・対策及び教育に求められている配慮

　女性や子供を専ら性的ないしは暴力行為の対象として捉えた性・暴力表現は、男女共同参画社会の形成を大きく阻害するものであり、女性や子供に対する人権侵害となるものもある。こうした観点から啓発を行うとともに、提供側のメディアにおける自主規制等の対策を働きかけるなどの取組が必要である。

　子供に関する、男女共同参画社会実現のための取組を行うに当たっては、子供の最善の利益に配慮する必要がある。

④女性の参画拡大における目指すべき方向性

　以上を踏まえ、教育機関、メディア、地方公共団体等との連携を深めつつ、男女共同参画の理解の促進に向けた教育及び広報・啓発活動を展開するとともに、その推進体制を強化する観点から、学校教育及びメディアの分野における政策・方針決定過程への女性の参画拡大を図る。

【教育・メディアを通じた意識改革、理解の促進の成果目標】

　第4次男女共同参画基本計画における、教育・メディアを通じた意識改革、理解の促進の、平成32年を期限とする成果目標は次ページのとおりとされている。

＜成果目標＞

項　　目	現　状	成果目標（期限）
「男女共同参画社会」という用語の周知度	男性：66.3% 女性：61.3% （平成24年）	男女とも100% （平成32年）
大学学部段階修了者の男女割合	男性：54.9% 女性：45.1% （平成25年）	男女の修了者割合の 差を5ポイント縮める （平成32年）
都道府県及び市町村の教育委員会のうち、女性の教育委員のいない教育委員会の数	121 （平成25年）	0 （平成32年）
初等中等教育機関の教頭以上に占める女性の割合	15.0% （平成25年）	20%以上 （平成32年）
大学の教員に占める女性の割合		
准教授	22.6% （平成26年）	25%（早期）、更に 30%を目指す （平成32年）
教授等 　（学長、副学長及び教授）	14.4% （平成26年）	17%（早期）、更に 20%を目指す （平成32年）

【広報・啓発活動の展開】

　上記成果目標の達成のため、内閣府をはじめとする全府省が、メディアを通じた情報発信により、男女共同参画に関する広報・啓発を行っている。

　特に若年男女及び家庭における夫・父親等、また、企業・団体における経営者・管理職等の指導的地位にある男性の意識を変えるための広報・啓発活動を進めている。中でも新聞、テレビ、インターネット、ゲーム等訴求力が高いメディアに対し、男女共同参画の視点を意識するよう、業界団体等を通じて啓発を行っている。

【教育・学習の充実】

　文部科学省では、教育の段階に応じ、以下のとおり男女共同参画に関する取組みを行っている。

　①初等中等教育における取組み

　　初等中等教育において、児童生徒の発達段階に応じ、社会科、家庭科、道徳、特別活動等学校教育全体を通じ、人権の尊重、男女の平等や男女相互の理解と

214

協力の重要性、家族や家庭生活の大切さ等についての指導を行っている。

　また、男女平等を推進する教育の内容が充実するよう、教職員を対象とした研修等の取組みを推進している。

②高等教育機関における取組み

　高等教育機関において、男女共同参画社会の形成に資する調査・研究を促進する。また、それらの成果を学校教育や社会教育における教育・学習に幅広く活用し、社会への還元を促進する。

③社会教育における取組み

　社会教育において、男女共同参画の意識を高め、固定的な性別役割分担にとらわれない意識が醸成されるよう、地域における学習機会の提供を促進している。

【メディアに対する取組み】

　内閣府をはじめとする関係府省は、メディアに対する取組みとして、男女共同参画推進連携会議等の場を通じて、メディア各社の取組や課題を共有し、メディア自身による不適切な表現の防止に活用するほか、メディア産業の性・暴力表現について、DVD、ビデオ、パソコンゲーム等バーチャルな分野を含め、自主規制等の取組を促進するとともに、表現の自由を十分尊重した上で、その流通・閲覧等に関する対策の在り方を検討している。

　ほか、国民に対しては、メディアを通じて流れる様々な情報を国民が主体的に収集、判断する能力、また適切に発信する能力を身に付けるためのメディア・リテラシーの向上を図っている。

【メディアにおける女性の参画】

　新聞や放送等のメディア分野における女性の参画は、提供する情報の内容が偏ることの防止や、性・暴力表現に関する有効な対策等、メディアが自主的に女性等の人権に配慮した取組を進めていく上で重要な役割を果たすものと期待されている。

　新聞及び放送業界における女性の参画状況について見ると、平成30年における新聞・通信社の管理職に占める女性の割合は6.6%、新聞・通信社の記者に占める女性の割合は20.2%、民間放送及び日本放送協会の管理職に占める女性の割合はそれぞれ14.7%、8.4%となっており、総じて上昇傾向にあるものの、未

だ低い水準に留まっている。

　特に、新聞・通信社の管理職に占める女性の割合及び日本放送協会に占める女性の割合は1割を切っており、女性の更なる参画拡大が望まれる。

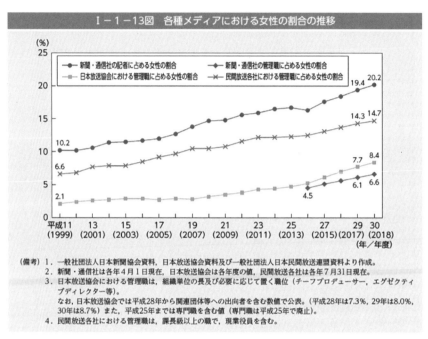

Ⅰ-1-13図　各種メディアにおける女性の割合の推移

（備考）1．一般社団法人日本新聞協会資料，日本放送協会資料及び一般社団法人日本民間放送連盟資料より作成。
　　　　2．新聞・通信社は各年4月1日現在，日本放送協会は各年度の値，民間放送各社は各年7月31日現在。
　　　　3．日本放送協会における管理職は，組織単位の長及び必要に応じて置く職位（チーフプロデューサー，エグゼクティブディレクター等）。
　　　　　　なお，日本放送協会では平成28年から関連団体等への出向者を含む数値で公表。（平成28年は7.3%，29年は8.0%，30年は8.7%）また，平成25年までは専門職を含む値（専門職は平成25年で廃止）。
　　　　4．民間放送各社における管理職は，課長級以上の職で，現業役員を含む。

出典：内閣府「男女共同参画白書」令和元年版

【学校教育における女性の参画】

　文部科学省の実施する、平成30年度公立学校教職員の人事行政状況調査における女性管理職（校長、副校長及び教頭）の人数及び割合（平成31年4月1日時点）を見ると、平成30年度における女性の管理職の人数は12808人で、前年である平成29年度（平成30年4月1日時点）から638人増加している。

　また、女性管理職の割合は約18.6%で、これまで最高であった前年である平成29年度の17.5%を更に上回った。文部科学省では、各種会議を始め様々な機会を捉えて、都道府県教育委員会等に対して、30%目標に向けて、女性の校長・教頭等への積極的な登用を働きかけており、上記女性管理職の上昇傾向はこうした取組みが奏功したものといえる。

5−1.　校長等人数及び登用者数（平成31年4月1日現在）　　　　　（単位：校、人）

		小　学　校	中　学　校 義務教育学校	高等学校 中等教育学校	特別支援学校	合　計
校長数		18,906	9,077	3,475	975	32,433
	女性（内数）	3,888	674	262	222	5,046
	割合（%）	20.6%	7.4%	7.5%	22.8%	15.6%
うち校長登用者数		3,752	1,502	662	226	6,142
	女性（内数）	950	165	53	52	1,220
	割合（%）	25.3%	11.0%	8.0%	23.0%	19.9%
副校長数		1,801	976	773	271	3,821
	女性（内数）	578	147	84	80	889
	割合（%）	32.1%	15.1%	10.9%	29.5%	23.3%
うち副校長登用者数		408	219	232	77	936
	女性（内数）	135	30	28	36	229
	割合（%）	33.1%	13.7%	12.1%	46.8%	24.5%
教頭数		17,706	8,922	4,661	1,416	32,705
	女性（内数）	4,782	1,187	466	438	6,873
	割合（%）	27.0%	13.3%	10.0%	30.9%	21.0%
うち教頭登用者数		3,840	1,949	838	310	6,937
	女性（内数）	1,272	330	101	121	1,824
	割合（%）	33.1%	16.9%	12.1%	39.0%	26.3%
主幹教諭数		9,815	6,149	3,441	1,325	20,730
	女性（内数）	4,559	1,658	565	552	7,334
	割合（%）	46.4%	27.0%	16.4%	41.7%	35.4%
うち主幹教諭登用者数		2,086	1,246	524	236	4,092
	女性（内数）	837	298	86	117	1,338
	割合（%）	40.1%	23.9%	16.4%	49.6%	32.7%
指導教諭数		1,240	718	530	152	2,640
	女性（内数）	754	359	135	87	1,335
	割合（%）	60.8%	50.0%	25.5%	57.2%	50.6%
うち指導教諭登用者数		253	123	75	25	476
	女性（内数）	147	60	16	16	239
	割合（%）	58.1%	48.8%	21.3%	64.0%	50.2%
（参考） 公　立 学　校　数	本　校	19,277	9,381	3,504	976	33,138
	分校〈外数〉	〈155〉	〈81〉	〈85〉	〈111〉	〈432〉

（注）1．公立学校数は平成31年度学校基本調査速報（平成31年5月1日現在）の数
　　　2．高等学校の公立学校数とは、全日制、定時制、通信制の独立校及びそれらいずれかの併置校の合計数

出典：文部科学省「平成30年度公立学校教職員の人事行政状況調査について」

凡例

- 育児・介護休業法：育児休業、介護休業等育児又は家族介護を行う労働者の福祉に関する法律
- 育児・介護休業法施行規則：育児休業、介護休業等育児又は家族介護を行う労働者の福祉に関する法律施行規則
- 育児・介護休業法施行通達：「育児休業、介護休業等育児又は家族介護を行う労働者の福祉に関する法律の施行について」（平成 28 年 8 月 2 日　職発 0802 第 1 号・雇児発 0802 号第 3 号）
- 育児・介護休業等ハラスメント措置指針：「子の養育又は家族の介護を行い、又は行うこととなる労働者の職業生活と家庭生活との両立が図られるようにするために事業主が講ずべき措置に関する指針」（平成 21 年厚生労働省告示第 509 号）
- 児童買春・児童ポルノ禁止法：児童買春、児童ポルノに係る行為等の規制及び処罰並びに児童の保護等に関する法律
- 重点方針 2018：女性活躍加速のための重点方針 2018（平成 30 年 6 月 12 日すべての女性が輝く社会づくり本部）
- 女性活躍推進法：女性の職業生活における活躍の推進に関する法律
- 人身取引対策行動計画 2014：「人身取引対策行動計画 2014」（平成 26 年 12 月 16 日犯罪対策閣僚会議）
- ストーカー規制法：ストーカー行為等の規制等に関する法律
- セクハラ措置指針：「事業主が職場における性的言動に起因する問題に関して雇用管理上講ずべき措置についての指針」（平成 18 年厚生労働省告示第 615 号）
- 男女共同参画センター等：男女共同参画センター・女性センター
- 男女雇用機会均等法：雇用の分野における男女の均等な機会及び待遇の確保等に関する法律
- 男女雇用機会均等法施行通達：「改正雇用の分野における男女の均等な機会及び待遇の確保等に関する法律の施行について」（平成 18 年 10 月 11 日雇児発第 1011002 号）
- 出会い系サイト規制法：インターネット異性紹介事業を利用して児童を誘引する行為の規制等に関する法律
- 同一労働同一賃金ガイドライン：「短時間・有期雇用労働者及び派遣労働者に対す

る不合理な待遇の禁止等に関する指針」（平成 30 年 12 月 28 日厚生労働省告示第
430 号）
・内閣府委託調査「多様な選択を可能にする学びに関する調査」：平成 30 年度内閣
府委託調査「多様な選択を可能にする学びに関する調査」株式会社創建
・妊娠・出産等ハラスメント措置指針：「事業主が職場における妊娠、出産等に関す
る言動に起因する問題に関して雇用管理上講ずべき措置についての指針」（平成 28
年厚生労働省告示第 312 号）
・働き方改革実行計画：働き方改革実現会議決定（平成 29 年 3 月 28 日）
・パートタイム・有期雇用労働法：短時間労働者及び有期雇用労働者の雇用管理の改
善等に関する法律
・パワハラ対策マニュアル：「パワーハラスメント 対策導入マニュアル」（厚生労働
省 2018.9.第 3 版）
・平成 26 年の再就職調査：平成 26 年度厚生労働省委託事業・三菱 UFJ リサーチ＆
コンサルティング「出産・育児等を機に離職した女性の再就職調査」
・法テラス：日本司法支援センター
・労働時間等見直しガイドライン：「労働時間等見直しガイドライン」（平成 20 年厚
生労働省告示代 108 号 労働時間等設定改善指針）
・労働施策総合推進法：労働施策の総合的な推進並びに労働者の雇用の安定及び職
業生活の充実等に関する法律

索引

き

く

け

す

せ

た

ほ

み

む

め

も

や

ゆ

著者紹介

八幡 優里（やわた ゆり）

東京大学法科大学院卒　弁護士（東京弁護士会）
法教育委員会所属

【主な著書】

「民事弁護ガイドブック　第2版」（ぎょうせい、共著・2019年）、「どの段階で何をする？
業務の流れでわかる！遺言執行業務（相続法改正対応版）」（第一法規株式会社　共著・2020
年）、「知らなかったでは済まされない！税理士事務所の集客・営業活動をめぐる法的トラブ
ル Q&A」（第一法規株式会社　共著・2020年）

坂東 利国（ばんどう よしくに）

慶應義塾大学法学部法律学科卒業　弁護士（東京弁護士会）
東京エクセル法律事務所パートナー弁護士
日本労働法学会所属
日本CSR 普及協会所属
一般財団法人日本ハラスメントカウンセラー協会顧問

【主な著書】

「マイナンバー社内規程集」（日本法令・2015年）、「マイナンバー実務検定公式テキスト」
（日本能率協会マネジメントセンター・2015年）、「社労士のためのマイナンバー関連書式
集」（日本法令・2016年）、「中小企業のためのマイナンバー関連書式集」（日本法令・2016
年）、「個人情報保護士認定試験公認テキスト」（全日本情報学習振興協会・2017 年）、「改
正個人情報保護法対応規程・書式集」（日本法令・2017年）、「無期転換制度による法的リ
スク対応と就業規則等の整備のポイント（DVD）」（日本法令・2018年）「『同一労働・同
一賃金』の実務（DVD）」（日本法令・2019年）、「働き方改革と労働法務（働き方改革検
定公式テキスト）」（マイナビ出版・2019年）、「人事に役立つ ハラスメント判例集50」（マ
イナビ出版・2020年）ほか

女性活躍検定 公式テキスト

2020年5月30日初版第1刷発行

著　者　　八幡優里　坂東利国

編　者　　一般財団法人 全日本情報学習振興協会

発行者　　牧野常夫

発行所　　一般財団法人 全日本情報学習振興協会
　　　　　〒102-0093 東京都千代田区平河町2-5-5
　　　　　全国旅館会館1F
　　　　　TEL：03-5276-6665

販売元　　株式会社 マイナビ出版
　　　　　〒101-0003 東京都千代田区一ツ橋2-6-3
　　　　　一ツ橋ビル2F
　　　　　TEL：0480-38-6872（注文専用ダイヤル）
　　　　　03-3556-2731（販売部）
　　　　　URL：http://book.mynavi.jp

印刷・製本　　大日本法令印刷株式会社